Langenscheidts

Basiswortschatz Spanisch

Ein nach Sachgebieten geordnetes
Lernwörterbuch mit Satzbeispielen

von

E. Ruiz
und
E. Hartlieb

Langenscheidt

Berlin · München · Wien · Zürich · New York

Herausgegeben von der Langenscheidt-Redaktion

02 03 04 05 5 4 3 2

Druck: Druckhaus „Thomas Müntzer", Bad Langensalza
Printed in Germany · ISBN 3-468-20359-4

INHALT

Anhang

Einführung

Um gute Kenntnisse einer Fremdsprache zu erwerben, beginnt man am besten, in dem man sich eine gute Basis des Wortschatzes aneignet und diese dann nach und nach erweitert. Diese Tatsache spiegelt sich in den Lehrplänen und modernen Lehrwerken wider. Langenscheidts Basiswortschatz Spanisch ist sehr gut geeignet, sich diesen Grundbestand an Wortschatz zu erarbeiten. Er ist nach folgenden Prinzipien aufgebaut:

- Anordnung der Wörter nach Themenbereichen und Fachgebieten
- für jedes Wort mindestens ein möglichst lebensnahes Anwendungsbeispiel mit deutscher Übersetzung
- Basiswortschatz von 2000 Bedeutungen
- keine Ausrichtung an bestimmte Lehrwerke oder Altersgruppen, weder zu kindlich noch zu „abgehoben“
- geeignet für alle Lernenden, die in der Sekundarstufe I, in Einrichtungen der Erwachsenenbildung oder als Selbstlerner Spanisch lernen oder für Beruf oder Urlaub brauchen.

Aufbau

Das Grundprinzip der Benutzerfreundlichkeit wurde im neuen Basiswortschatz Spanisch weiterentwickelt, verbessert und ergänzt.

Die Wortschatzauswahl wurde nach Kriterien wie Häufigkeit, Aktualität und Gebrauchswert getroffen. Die Satzbeispiele sind mit dem Ziel gestaltet, die Bedeutung auch ohne Hilfe der deutschen Übersetzung möglichst eindeutig zu vermitteln, die Wörter in typischen Zusammenhängen (Kollokationen) zu präsentieren, den jeweiligen Themenbereichen gerecht zu werden und durch die Auswahl der Beispiele die Benutzer zu interessieren und zur Weiterarbeit zu motivieren.

Auch innerhalb eines Kapitels sind die Stichwörter nicht alphabetisch, sondern nach inhaltlichen Gesichtspunkten angeordnet.

Ebenfalls ganz neu ist eine Reihe von Lernhilfen, die den besonderen Schwierigkeiten Deutscher, die Spanisch lernen, Rechnung trägt. So wird zum Beispiel mit Hilfe des Warndreiecks auf grammatische Besonderheiten und typische Fehler hingewiesen, und durch das Info-Zeichen hervorgehobene Hinweise geben zusätzliche Informationen zur Aussprache, Schreibung, zum richtigen Gebrauch, zur Unterscheidung von leicht verwechselbaren Wörtern, zu wichtigen landeskundlichen Fakten sowie zur Wortbildung.

Wo es sinnvoll erscheint, werden zu den spanischen Stichwörtern auch Synonyme (Wörter mit gleicher oder sehr ähnlicher Bedeutung) und Antonyme (Wörter mit entgegengesetzter Bedeutung) gegeben, soweit sie Bestandteil dieses Wortschatzes sind, weil diese für den aktiven Umgang mit der Sprache wichtig sind und ihre Kenntnis zu den Anforderungen in Unterrichtung und Prüfung gehört.

Das Lernen mit dem Basiswortschatz

Eine angemessene Lerntechnik ist die Voraussetzung für den Lernerfolg. Wir möchten Ihnen dazu einige Anregungen geben:

1. Nutzen Sie den Vorteil der Gliederung nach Sachgebieten und arbeiten Sie nicht Seiten, sondern Sachgebiete durch. Zwischen den Wörtern eines Sachgebietes bestehen Assoziationen. Die Sachgebiete spiegeln inhaltliche Zusammenhänge wider. Auch die Sachgebietsbezeichnungen sind bereits Merkhilfen. Es ist experimentell erwiesen, dass Wortschatz, der thematisch zusammenhängend erlernt wird, besser behalten wird.
2. Wenn Sie *einzelne* Sachgebiete durcharbeiten, fangen Sie vielleicht zuerst mit denen an, die Sie besonders interessieren, dann die anderen. Vergessen Sie aber nicht, sich nach und nach *alle* Sachgebiete anzueignen.
3. Wir empfehlen Ihnen, den Ablauf des Lernvorgangs zu systematisieren und portionsweise zu lernen. Lesen Sie ein Kästchen (fett gedrucktes Stichwort und Anwendungsbeispiel) und prägen Sie sich die Wortgleichung ein. Gehen Sie mehrere Kästchen auf diese Weise durch und decken Sie dann von diesem „Block" die linke Spalte ab. Sprechen Sie sich nun das verdeckte Stichwort laut vor – wenn Sie wollen, auch das Anwendungsbeispiel. Dann kontrollieren Sie durch Aufdecken der linken Spalte. Wörter, die Sie noch nicht beherrschen, können Sie am Rand kennzeichnen – vielleicht durch ein Kreuzchen – und nochmals gesondert lernen. Abschließend nochmalige Kontrolle (Sprechen und Schreiben) des ganzen „Blocks".
4. Lernvarianten: Sie können die rechte (statt linke) Spalte abdecken und entsprechend wie unter 3 beschrieben arbeiten. Sie können auch nur die Anwendungsbeispiele lernen, um vom Zusammenhang her die Bedeutung eines Wortes im Gedächtnis zu fixieren oder den Grundwortschaft „umzuwälzen".

5. Über ein einzelnes Wort, das Sie im alphabetischen Register nachschlagen, können Sie auch zu einem bestimmten Sachgebiet kommen und so in einem sinnvollen Zusammenhang lernen.
6. Es empfiehlt sich, täglich (mit Pausen!) ein bestimmtes Pensum zu lernen. In einigen Wochen beherrschen Sie dann einen systematisch aufgebauten Basiswortschatz – den Wortschatz, auf den es ankommt. Diesen sollten Sie in gewissen zeitlichen Abständen wiederholen und überprüfen.
7. „Langenscheidts Basiswortschatz Spanisch" ist lehrbuchunabhängig. Trotzdem eignet er sich auch zur Aktivierung, Wiederholung und Systematisierung des Wortschatzes im Unterricht, z. B.
   - zur Bereitstellung des entsprechenden Wortschatzes vor kommunikativen Übungen oder der Durchnahme bestimmter Texte;
   - zur Wortfeldarbeit nach der Durcharbeitung eines bestimmten Textes, der wesentliche Teile dieses Wortfeldes enthielt;
   - zur Erschließung und zum Aufbau eines Sachgebiets vom Einzelwort aus (über das Register).

Wir wünschen Ihnen bei der Arbeit mit diesem Wortschatz viel Spaß und Erfolg!

KÖRPER UND WESEN

cuerpo *m*
Mi abuela tenía un **cuerpo** muy bonito.

Körper *m*
Meine Großmutter hatte einen sehr schönen Körper.

cabeza *f*
Me duele la **cabeza**.

Kopf *m*
Der Kopf tut mir weh.

cara *f*
La **cara** de esa chica me resulta conocida.

Gesicht *n*
Das Gesicht dieses Mädchens kommt mir bekannt vor.

pelo *m*
Tienes el **pelo** demasiado largo.

Haar *n*, **Haare** *pl*
Du hast zu lange Haare.

nariz *f* ⚠ *pl* ***las narices***
Cuando hace frío tengo la **nariz** roja.

Nase *f*
Wenn es kalt ist, habe ich eine rote Nase.

ojo *m*
¡Cierra los **ojos** y no los abras hasta que yo te diga! Tengo una sorpresa para ti.

Auge *n*
Schließ die Augen und mach sie nicht auf, bis ich es dir sage! Ich habe eine Überraschung für dich.

oreja *f*, **oído** *m*
Los elefantes tienen unas **orejas** enormes.
Me duele el **oído** derecho.

Ohr *n*
Elefanten haben riesige Ohren.
Mir tut das rechte Ohr weh.

ⓘ Das Spanische unterscheidet zwischen ***oreja*** (äußerer Teil) und ***oído*** (innerer Teil) des Ohres: ***dolor de oídos*** (Ohrenschmerzen).

boca *f*
Ana tiene la **boca** muy grande.

Mund *m*
Ana hat einen sehr großen Mund.

diente *m*
Se me ha caído un **diente** y he tenido que ir al dentista.

Zahn *m*
Ich habe einen Zahn verloren und musste zum Zahnarzt gehen.

muela *f*
Me duelen las **muelas**.

(Backen)zahn *m*
Ich habe Zahnschmerzen.

Bei Zahnschmerzen wird stets ***muela*** verwendet, unabhängig davon, ob es sich dabei um einen Backenzahn ***muela*** oder einen anderen Zahn ***diente*** handelt.

lengua *f*
La sopa está muy caliente. Te vas a quemar la **lengua**.

Zunge *f*
Die Suppe ist sehr heiß. Du wirst dir die Zunge verbrennen.

cuello *m*
Mi almohada es muy dura, y cuando me levanto me duele el **cuello**.

Hals *m*
Mein Kopfkissen ist sehr hart. Wenn ich aufstehe, tut mir der Hals weh.

Wenn das Innere des Halses gemeint ist, verwendet man ***garganta. Me duele la garganta.*** Ich habe Halsschmerzen. Ansonsten verwendet man ***cuello***.

pecho *m*
Lo primero que hay que hacer en este ejercicio es sacar el **pecho** y meter el estómago.

Brust *f*
Bei dieser Gymnastik-Übung muss man zuerst die Brust rausstrecken und den Bauch einziehen.

espalda *f*
Nadar es muy bueno para la **espalda**.

Rücken *m*
Schwimmen ist sehr gut für den Rücken.

brazo *m*
¡Tienes unos **brazos** muy musculosos!

Arm *m*
Du hast aber muskulöse Arme!

mano *f*
Tengo las **manos** heladas. ¿Me prestas tus guantes?

Hand *f*
Ich habe eiskalte Hände. Leihst du mir deine Handschuhe?

dedo *m*
¿Qué te ha pasado en el **dedo**?, ¿te has cortado?

Estos zapatos me aprietan mucho en el **dedo** gordo.

Finger *m*; **Zehe** *f*
Was hast du mit deinem Finger gemacht? Hast du dich geschnitten?
Diese Schuhe drücken sehr am großen Zeh.

Im Gegensatz zum Deutschen wird im Spanischen das Wort ***dedo*** sowohl für die Hand (Finger) als auch für den Fuß (Zehe) verwendet.

pierna *f*
Jaime se ha roto una **pierna** esquiando.

Bein *n*
Jaime hat sich beim Schifahren das Bein gebrochen.

pie *m*
¿Vamos a **pie** o cogemos mejor un taxi?
No encontramos sitio en el autobús. Tuvimos que ir de **pie**.

Fuß *m*
Gehen wir zu Fuß oder nehmen wir lieber ein Taxi?
Wir haben im Bus keinen Platz gefunden. Wir mussten stehen.

sangre *f*
Soy donante de **sangre** desde hace años.

Blut *n*
Ich bin seit Jahren Blutspender.

corazón *m* ⚠ *pl* ***los corazones***
Te deseo de **corazón** que seas feliz.

Herz *m*
Ich wünsche dir von ganzem Herzen, dass du glücklich bist.

ⓘ Alle Substantive, die auf Konsonant enden, bilden die Pluralform mit ***-es***. Wenn sie im Singular einen Akzent auf der letzten Silbe tragen (z.B. ***corazón***), verlieren sie ihn im Plural: ***corazones***.

estómago *m*
No sé lo que he comido, que me duele tanto el **estómago**.
¡Qué **estómago** tiene Antonio! Debería hacer gimnasia.

Magen *m*; **Bauch** *m*
Ich weiß nicht, was ich gegessen habe, dass ich solche Magenschmerzen habe!
Was für einen Bauch Antonio hat! Er sollte Gymnastik machen.

barriga *f*
¡Mamá, me duele la **barriga**!

Bauch *m*
Mama, ich habe Bauchschmerzen!

---

guapo, a *adj* *syn:* atractivo, *opp:* feo
¡Qué **guapo** te has puesto!, ¿adónde vas?

hübsch
Du hast dich aber hübsch gemacht! Wo gehst du hin?

ⓘ ***Guapo*** wird nur für Personen verwendet. Für Sachen sagt man in Spanien ***bonito***, in Lateinamerika ***hermoso*** oder ***lindo***.

feo, a *adj* *opp:* guapo, bonito
En esa foto estamos muy feos.

hässlich
Auf diesem Foto sind wir sehr hässlich.

ⓘ Mit einem Adjektiv + ***estar*** wird ein vorübergehender Zustand ausgedrückt: ***Estamos muy feos en la foto.*** Auf dem Foto sind wir sehr hässlich. Mit ***ser*** drückt das gleiche Adjektiv eine dauerhafte oder charakteristische Eigenschaft aus: ***Somos muy feos***. Wir sind sehr hässlich.

alto, a *adj opp:* bajo — **groß**
El hijo de Federico es muy **alto**. Es muy bueno en baloncesto. — Der Sohn von Federico ist sehr groß. Er ist sehr gut im Basketball.

bajo, a *adj opp:* alto — **klein**
Todos mis amigos son más **bajos** que yo. — Alle meine Freunde sind kleiner als ich.

ⓘ ***alto/bajo*** beziehen sich auf die Statur, während ***grande/pequeño*** eine allgemeine Bedeutung haben.

grande *adj opp:* pequeño — **groß**
¡Qué **grande** estás!, ¿cuántos años tienes ya? — Du bist aber groß geworden! Wie alt bist du denn jetzt?

ⓘ Adjektive auf ***-e*** sind sowohl männlich als auch weiblich.

pequeño, a *adj opp:* grande — **klein**
Tienes unos pies muy pequeños, ¿no? — Du hast sehr kleine Füße, nicht wahr?

gordo, a *adj opp:* delgado — **dick**
Tienes que moverte más, estás cada vez más **gordo**. — Du musst dich mehr bewegen, du wirst immer dicker.

delgado, a *adj opp:* gordo — **dünn**
Eloísa come muy poco. Está muy **delgada**. — Eloísa isst sehr wenig. Sie ist sehr dünn.

---

idea *f* — **Idee** *f;* **Gedanke** *m,* **Einfall** *m*
Has tenido una **idea** excelente para el regalo de Miriam. — Du hast eine tolle Idee für Miriams Geschenk gehabt.

pensar *v* ⚠ *irr* 22 — **denken**
¿Por qué no lo **has pensado** antes? — Warum hast du nicht vorher daran gedacht?

ⓘ In bestimmten Fällen kann ***pensar*** auch durch ***opinar*** ersetzt werden.

opinar *v syn:* pensar — **meinen, glauben**
Yo **opino** lo mismo que usted. — Ich meine das Gleiche wie Sie.

reflexionar *v* — **überlegen; überdenken; nachdenken**
No queda más tiempo para **reflexionar**. Hay que actuar. — Es bleibt keine Zeit mehr zum Nachdenken. Jetzt müssen wir handeln.

creer *v* ⚠ ***creyó, creyeron, creyendo*** — **glauben**
¿Qué debemos hacer?, ¿tú qué **crees**? — Was glaubst du, was sollen wir tun?

entender *v syn:* comprender ⚠ *irr* 23 — **verstehen**
Realmente a veces no te **entiendo**. — Manchmal verstehe ich dich wirklich nicht.

saber *v* ⚠ *irr* 28 — **wissen; können** → poder S. 158
No **sabemos** dónde vive Elena. — Wir wissen nicht, wo Elena wohnt.
¿**Sabes** tocar el piano? — Kannst du Klavier spielen?
Luisa **sabe** perfectamente ruso. — Luisa kann perfekt Russisch.

ⓘ ***Saber*** bedeutet, dass man etwas weiß oder eine Fähigkeit besitzt bzw. sich diese erworben hat.

conocer *v* ⚠ *irr* 5 — **kennen; kennen lernen**
No **conozco** el Museo del Prado. — Ich kenne das Prado-Museum nicht.
Conocí a mi mujer hace dos años. — Ich habe meine Frau vor zwei Jahren kennen gelernt.

acordarse de *v syn:* recordar, *opp:* olvidarse ⚠ *irr* 7 — **sich erinnern; daran denken**
¿**Te acuerdas de** mí? ¡Sí, hombre!, soy tu tío Felipe. — Erinnerst du dich an mich? Na klar, ich bin doch dein Onkel Felipe.
No **me he acordado de** llamar a Rosa en su cumpleaños. — Ich habe nicht daran gedacht, Rosa zu ihrem Geburtstag anzurufen.

recordar *v syn:* acordarse, *opp:* olvidarse ⚠ *irr* 7 — **sich erinnern; daran denken**
Recuerdo muy bien los primeros años de mi infancia. — Ich erinnere mich sehr gut an die ersten Jahre meiner Kindheit.

Recuerden que no deben dejar ningún objeto personal en el avión. — Denken Sie daran, keine persönlichen Gegenstände im Flugzeug zurückzulassen.

olvidar *v opp:* recordar — **vergessen**
He olvidado cómo se preparaba exactamente el guacamole. — Ich habe vergessen, wie man Guacamole genau zubereitet.

olvidarse de *v opp:* acordarse — **vergessen**
Siempre me **olvido de** coger la agenda para las reuniones. — Ich vergesse immer, meinen Terminkalender in die Besprechungen mitzunehmen.

recuerdo *m* — **Erinnerung** *f*; **Gruß** *m*; **Souvenir** *m*
Tengo muy buenos **recuerdos** de nuestro viaje a España. — Ich habe sehr gute Erinnerungen an unsere Spanienreise.
Da **recuerdos** a tu familia de mi parte. — Grüß deine Familie von mir.
Quiero comprar unos **recuerdos** en esta tienda. — Ich will noch ein paar Souvenirs in diesem Geschäft kaufen.

interesar *v* — **interessieren**
¿Te **interesaría** colaborar conmigo en un reportaje para "El Mundo"? — Würde es dich interessieren, mit mir an einer Reportage für „El Mundo" zu arbeiten?

interesarse por *v* — **sich interessieren für**
Mis compañeros **se han interesado** mucho **por** mi estado de salud. — Meine Kollegen haben sich sehr für meinen Gesundheitszustand interessiert.

---

bueno, a *adj opp:* malo — **gut, brav**
¡Sé **bueno** y pórtate bien! — Sei brav und benimm dich (gut)!

malo, a *adj opp:* bueno — **schlecht**
¡No seas tan **malo,** porque si no, no te van a traer nada los Reyes! — Sei brav, denn sonst bringen dir die Heiligen Drei Könige gar nichts!

ℹ In Spanien bringt nicht das Christkind am 24. Dezember Geschenke, sondern die Heiligen Drei Könige beschenken die artigen Kinder am 6. Januar. Unartige Kinder bekamen früher ein Stück Kohle.

amable *adj* — **freundlich, nett**
¿La ayudo? – No gracias, muy **amable**.
Soll ich Ihnen helfen? – Nein, danke. Sehr nett von Ihnen.

tranquilo, a *adj opp:* nervioso — **unbesorgt, ruhig**
En las afueras de Madrid se vive muy **tranquilo**.
In den Außenbezirken von Madrid wohnt man sehr ruhig.

nervioso, a *adj opp:* tranquilo — **nervös**
Estoy muy **nerviosa** por los resultados del examen.
Ich bin wegen der Prüfungsergebnisse sehr nervös.

ⓘ ***Ser nervioso/tranquilo*** bezeichnet eine Charaktereigenschaft, während ***estar nervioso/tranquilo*** einen vorübergehenden Zustand bezeichnet. Ebenso verhält es sich bei einigen anderen Adjektiven wie z.B. ***ser alegre*** ein fröhliches Wesen haben, ***estar alegre*** gerade fröhlich sein usw.

simpático, a *adj opp:* antipático — **nett; sympathisch**
La gente de la clase de flamenco es **simpatiquísima**.
Die Leute aus dem Flamenco-Kurs sind sehr nett.

antipático, a *adj opp:* simpático — **unsympathisch**
El novio de Almudena es bastante **antipático**.
Der Freund von Almudena ist ziemlich unsympathisch.

tímido, a *adj* — **schüchtern**
¡Pero no te pongas rojo, no seas tan **tímido**!
Du brauchst nicht rot zu werden, sei nicht so schüchtern!

gracioso, a *adj* — **witzig**
Desde luego Ramón es **graciosísimo**. ¡Cuenta unas cosas ...!
Also Ramón ist wirklich sehr witzig. Der erzählt vielleicht Geschichten ...!

---

sentir(se) *v* ⚠ *irr* 30 — **(sich) fühlen; bedauern**
¿Cómo **te sientes** en tu nuevo trabajo?
Wie fühlst du dich an deiner neuen Arbeitstelle?
Lo **siento**.
Es tut mir Leid.

gustar *v* — **gefallen**
¿Qué te parece este reloj?, ¿te **gusta**?
Wie findest du diese Uhr? Gefällt sie dir?
Me **gusta** mucho ir a comer por ahí los domingos.
Ich liebe es, sonntags irgendwohin essen zu gehen.

ⓘ ***Gustar*** wird im Deutschen oft mit „gern" übersetzt, z. B. ***Me gusta ir al cine***. Ich gehe gern ins Kino.

querer *v opp:* odiar ⚠ *irr* 26 Os **quiero** mucho.	**mögen, lieben** Ich liebe euch sehr.
amor *m* Lo hizo todo por **amor**.	**Liebe** *m* Er/Sie hat das alles aus Liebe getan.
alegrar *v* Nos **ha alegrado** mucho verte por aquí.	**freuen** Es hat uns sehr gefreut, dich hier zu sehen.
alegrarse (de, por, con) *v* **Me alegro** mucho **de** que vengas a verme.	**sich freuen (über, auf)** Ich freue mich sehr, dass du mich besuchen kommst.
feliz *adj opp:* infeliz ⚠ *pl* ***felices*** ¡Cumpleaños **feliz** ...!, ¡cumpleaños **feliz** ...! Os deseo **feliz** Navidad.	**glücklich** „Happy birthday to you ..." Ich wünsche euch Frohe Weihnachten.
reírse (de) *v opp:* llorar ⚠ *irr* 27 No **te rías**. Para mí es una cosa muy seria.	**lachen (über)** Lach bitte nicht darüber. Für mich ist es sehr ernst.
sonreír *v* ⚠ *irr* 27 ¿No te ha gustado el regalo?, ¿por qué no **sonríes** un poco?	**lächeln** Hat dir das Geschenk nicht gefallen? Warum lächelst du dann nicht ein wenig?
sonrisa *f* Me gusta mucho tu **sonrisa**.	**Lächeln** *n* Dein Lächeln gefällt mir sehr.
risa *f* Pepita tiene una **risa** muy contagiosa.	**Lachen** *n* Pepita hat ein ansteckendes Lachen.
alegría *f opp:* pena Su llamada nos dio una **alegría** enorme.	**Freude** *f* Sein Anruf hat uns sehr große Freude gemacht.
alegre *adj* ¿Por qué estáis tan **alegres**?, ¿os ha tocado la lotería?	**fröhlich** Warum seid ihr so fröhlich? Habt ihr im Lotto gewonnen?

contento, a *adj opp:* triste
Estamos muy **contentos** con la cocina nueva.

zufrieden
Wir sind mit der neuen Küche sehr zufrieden.

diversión *f* ⚠
pl ***las diversiones***
La Feria de Abril de Sevilla ofrece a sus visitantes **diversión** de día y de noche durante una semana.

Vergnügen *n*
Das April-Fest von Sevilla bietet seinen Besuchern eine Woche lang Vergnügen bei Tag und Nacht.

agradable *adj*
opp: desagradable
¿Has hablado ya con los vecinos nuevos? Son una gente muy **agradable**.

angenehm, nett
Hast du schon mit den neuen Nachbarn geredet? Es sind sehr angenehme Leute.

placer *m*
¡Ha sido un **placer**!
Es un **placer** levantarse por las mañanas y oír las olas del mar.

Vergnügen *n*
Es war mir ein Vergnügen!
Es ist ein Vergnügen, morgens aufzustehen und die Wellen des Meeres zu hören.

esperanza *f*
No hay que perder la **esperanza**. Todavía podemos ganar.

Hoffnung *f*
Man darf die Hoffnung nicht verlieren. Wir können noch gewinnen.

aburrirse *v*
Me aburro mucho en la clase de yoga.

sich langweilen
Ich langweile mich sehr in der Yogastunde.

sorprender *v*
Me **sorprende** que no lo sepas.

überraschen
Es überrascht mich, dass du das nicht weißt.

sorpresa *f*
¡Pero qué **sorpresa**! De verdad que no te esperaba por aquí.

Überraschung *f*
Das ist ja eine Überraschung! Ich habe wirklich nicht damit gerechnet, dass du vorbeikommst.

pena *f opp:* alegría
Me da **pena** no ver más a menudo a mis hijos.

Leid *n*
Es tut mir Leid, dass ich meine Kinder nicht öfter sehen kann.

qué pena
¡Qué pena que no podáis quedaros unos días más!

wie schade
Wie schade, dass ihr nicht noch ein paar Tage bleiben könnt!

triste *adj opp:* alegre, contento — **traurig**
En esa foto, mi hermana tiene una cara muy **triste**. — Auf diesem Foto hat meine Schwester ein sehr trauriges Gesicht.

llorar *v opp:* reírse — **weinen**
Pedro siempre **llora** con el final de una película triste. — Pedro weint immer am Ende eines traurigen Filmes.

hacer daño *v* ⚠ *irr* 15 — **wehtun**
Ten cuidado con ese gatito. No le **hagas daño**. — Sei vorsichtig mit dem Kätzchen. Tu ihm nicht weh.

hacerse daño *v* ⚠ *irr* 15 — **sich wehtun**
¿Te **has hecho daño** al caer de la bicicleta? — Hast du dir bei deinem Sturz vom Fahrrad wehgetan?

preocuparse (por, de) *v* — **sich sorgen (um), sich Sorgen machen (um)**
No **te preocupes.** Seguro que vamos a aprobar el examen. — Mach dir keine Sorgen. Wir werden die Prüfung bestimmt bestehen.

estar preocupado, a — **besorgt sein, sich Sorgen machen**
Isabel está **preocupada** por su marido. Desde hace un año no encuentra trabajo. — Isabel macht sich Sorgen um ihren Mann. Er findet seit einem Jahr keine Arbeit.

tener miedo (de) *v* — **Angst haben (vor)**
Estaba muy oscuro y **tenía miedo**. — Es war sehr dunkel, und ich hatte Angst.

ilusión *f* ⚠ *pl* ***las ilusiones*** — **Erwartung** *f;* **Illusion** *f*
Han puesto mucha **ilusión** en ese proyecto. — Sie haben viele Erwartungen auf dieses Projekt gesetzt.

ilusionado, a *adj opp:* desilusionado — **erfreut**
Estamos muy **ilusionados** con nuestro nuevo libro. — Wir freuen uns sehr über unser neues Buch.

odiar *v opp:* amar, querer — **hassen**
Odio ir de compras los sábados por la mañana. — Ich hasse es, samstags vormittags einkaufen zu gehen.

odio *m* — **Hass** *m*
Recuerdo con verdadero **odio** a algunos profesores del Instituto. — An einige Lehrer meines Gymnasiums denke ich mit echtem Hass zurück.

salud *f opp:* enfermedad
La cocina mediterránea es muy buena para la **salud**.

Gesundheit *f*
Die Küche der Mittelmeerländer ist sehr gut für die Gesundheit.

sano, a *adj opp:* enfermo
Me han hecho unos análisis de sangre y estoy **sanísima**.
Vivir en el campo es muy **sano**.

gesund
Man hat meine Blutwerte untersucht: ich bin völlig gesund.
Auf dem Land zu wohnen ist sehr gesund.

fuerte *adj opp:* débil
Si tomas estas pastillas de hierro te pondrás muy **fuerte**.

stark
Wenn du diese Eisentabletten einnimmst, wirst du sehr stark.

débil *adj opp:* fuerte
Antonio está todavía muy **débil**. No puede trabajar.

schwach → tranquilo ⓘ S. 15
Antonio ist noch sehr schwach. Er kann nicht arbeiten.

ⓘ Adjektive, die auf Konsonant enden, haben für Maskulinum und Femininum nur eine Form, im Plural wird ***-es*** angehängt, z.B. ***débil, débiles***.

enfermo, a *adj opp:* sano
¿Por qué no viene hoy Mª Dolores? – Es que está **enferma**.

krank
Warum kommt María Dolores heute nicht? – Sie ist krank.

ⓘ Bei Doppelnamen wird der erste manchmal abgekürzt ***María*** zu ***Mª***, ***Francisco*** zu ***Fco.*** Häufig werden Namen auch verkürzt ***Francisco*** zu ***Paco***, ***Dolores*** zu ***Lola*** und ***José/Josefa*** zu ***Pepe/Pepa***.

marearse *v*
No me gusta viajar en coche porque **me mareo**.

sich übel fühlen; seekrank werden
Ich fahre nicht gern mit dem Auto, weil mir dabei übel wird.

sentirse bien *v opp:* sentirse mal ⚠ *irr* 30
¿Qué te pasa?, ¿no **te sientes** bien?

sich gut fühlen
Was hast du? Fühlst du dich nicht gut?

sentirse mal *v opp:* sentirse bien ⚠ *irr* 30
Me **siento mal**, quiero volver a casa.

sich schlecht fühlen
Mir geht es nicht gut, ich möchte nach Hause.

dieta *f syn:* régimen
Soy diabético y tengo que hacer una **dieta**.

Diät *f*
Ich bin Diabetiker und muss Diät halten.

doler *v* ⚠ *irr* 20
Me duele la espalda cuando trabajo muchas horas en el ordenador.

wehtun
Wenn ich viele Stunden am Computer arbeite, habe ich Rückenschmerzen.

dolor *m*
¡Ay!, ¡qué **dolor**! – Sea fuerte, señor. Es sólo una inyección.

Schmerz *m*
Aua! Das tut weh! – Seien Sie stark, Señor. Es ist nur eine Spritze.

sufrir (con, por) *v*
Hemos sufrido mucho con la enfermedad de Carlos, pero ahora se siente muy bien y estamos muy contentos.

leiden (unter)
Wir haben unter Carlos' Krankheit sehr gelitten. Aber jetzt fühlt er sich sehr gut, und wir sind sehr zufrieden.

resfriado *m*
La semana pasada tuve un **resfriado** muy fuerte.

Erkältung *f*
Letzte Woche hatte ich eine sehr schlimme Erkältung.

tos *f*
Estos caramelos de menta son muy buenos para la **tos**.

Husten *m*
Diese Pfefferminzbonbons sind sehr gut gegen Husten.

fiebre *f*
Estoy mejor, ya no tengo **fiebre**.

Fieber *n*
Mir geht es besser, ich habe kein Fieber mehr.

herida *f*
¿Y esa **herida**? – Me la hice al cortar el pan.

Wunde *f*
Wo kommt denn diese Wunde her? – Ich habe mich beim Brotschneiden geschnitten.

---

vivir *v*
Vivimos juntos desde hace dos años.

leben
Wir leben seit zwei Jahren zusammen.

vida *f opp:* muerte
Me gusta mucho la **vida** que llevo.

Leben *n*
Mir gefällt das Leben, das ich führe, sehr.

vivo, a *adj opp:* muerto
Soñé que mis abuelos estaban **vivos**.

lebendig; am Leben
Ich habe geträumt, dass meine Großeltern am Leben waren.

existir *v* — **existieren**
Los dinosaurios ya no **existen**. — Dinosaurier gibt es nicht mehr.

nacer *v* ⚠ *irr* 5 — **geboren werden**
En España **nacen** ahora menos niños que antes. — In Spanien werden jetzt weniger Kinder geboren als früher.

ⓘ ***Yo nací el 14 de febrero de 1982.*** Ich wurde am 14. Februar 1982 geboren.

cumpleaños *m* — **Geburtstag** *m*
¿Cuándo es tu **cumpleaños**? — Wann hast du Geburtstag?

joven *adj opp:* viejo ⚠ *pl* ***jóvenes*** — **jung**
¡Qué **joven** está Adelaida! – Sí, y tiene todavía mucha energía. — Wie jung Adelaida aussieht! – Ja, und sie hat noch viel Energie.

ⓘ ***Estar joven*** bezieht sich auf das Aussehen, nicht auf das Alter. ***¡Pero si estás más joven que yo! ¿Cuál es tu secreto?*** Du siehst jünger aus als ich! Was ist dein Geheimnis?

viejo, a *adj opp:* joven — **alt** → joven
A nadie le gusta ser **viejo**. — Niemand will alt sein.

muerto, a *adj opp:* vivo — **tot**
Creían que estaba **muerto**, pero había perdido sólo el conocimiento. — Sie glaubten, er sei tot, aber er hatte nur das Bewusstsein verloren.

morir(se) *v* ⚠ *irr* 11 ***muerto*** — **sterben**
Picasso nació en 1881 y **murió** en 1973. — Picasso ist 1881 geboren und 1973 gestorben.

muerte *f opp:* vida — **Tod** *m*
Mi abuelo tuvo una **muerte** rápida y sin dolor. — Mein Großvater hatte einen schnellen und schmerzlosen Tod.

Aktivitäten

tener sueño *v* ⚠ *irr* 32 — **müde sein**
Me acuesto. **Tengo** mucho **sueño**. — Ich gehe ins Bett. Ich bin sehr müde.

cansado, a *adj* — **müde**
Últimamente trabajas demasiado y estás muy **cansado**. — Neuerdings arbeitest du zu viel und bist sehr müde.

dormir *v* ⚠ *irr* 11 — **schlafen**
Suelo **dormir** nueve horas diarias. — Ich schlafe gewöhnlich neun Stunden täglich.

acostarse *v* ⚠ *irr* 7 — **ins Bett gehen**
Cuando estamos de vacaciones **nos acostamos** siempre muy tarde. — Wenn wir in Urlaub sind, gehen wir immer sehr spät ins Bett.

levantarse *v* — **aufstehen**
Los domingos **me levantado** muy tarde. — Sonntags stehe ich sehr spät auf.

---

ver *v* ⚠ *irr* 36 — **sehen**
¿Puedes **ver** algo con tan poca luz? — Kannst du mit so wenig Licht noch was sehen?
No **veo** a Carlos desde hace mucho. — Ich habe Carlos schon lange nicht mehr gesehen.

ⓘ Eine „wen-Ergänzung" wird im Spanischen immer mit ***a*** angeschlossen: ***No veo a Carlos desde hace mucho***. Ich habe Carlos schon lange nicht mehr gesehen. ***Hemos conocido a tus padres.*** Wir haben deine Eltern kennen gelernt.

mirar *v* — **schauen, ansehen**
Mira, Dolores, éste es mi primo Enrique. — Schau mal, Dolores, das ist mein Cousin Enrique.

ⓘ Mit ***ver*** wird die Sinneswahrnehmung beschrieben, während ***mirar*** bewusstes Hinsehen bedeutet.

escuchar *v* — **zuhören; hören auf**
¡Deja de hablar y **escúchame** tú ahora! — Hör auf zu reden und hör mir jetzt zu!

oír *v* ⚠ *irr* 19	**hören**
¿**Has oído** ese ruido?, ¿qué habrá sido?	Hast du dieses Geräusch gehört? Was kann das gewesen sein?

ⓘ Mit ***oír*** wird die Sinneswahrnehmung beschrieben, während ***escuchar*** bewusstes Zuhören bedeutet.

ruido *m*	**Lärm** *m;* **Geräusch** *n*
Mis vecinos hacen siempre mucho **ruido**. ¡Son imposibles!	Meine Nachbarn machen immer viel Lärm. Sie sind unmöglich!
En esta calle hay mucho **ruido**.	In dieser Straße ist es sehr laut.
sonar *v* ⚠ *irr* 7	**klingeln, läuten; klingen**
Me parece que **está sonando** el teléfono. – No importa, he puesto el contestador.	Ich glaube, das Telefon klingelt. – Macht nichts. Ich habe den Anrufbeantworter eingeschaltet.
sonido *m*	**Ton** *m;* **Klang** *m;* **Laut** *m*
Me encanta el **sonido** del mar.	Ich liebe das Rauschen des Meeres.
tocar *v* ⚠ ***toque, toqué***	**anfassen**
No toques los cuadros. Va a **sonar** la alarma.	Fass die Bilder nicht an. Sonst geht der Alarm los.
oler *v* ⚠ *irr* 20	**duften; riechen**
¡Qué bien **huele**! ¿Has hecho paella?	Mmm! Wie das duftet! Hast du Paella gemacht?
Tengo un resfriado tremendo y no **huelo** nada.	Ich habe eine schlimme Erkältung; ich rieche gar nichts.

ⓘ Wörtern, die mit ***ue-*** beginnen, wird im Spanischen ein ***h*** vorangestellt.

olor *m*	**Geruch** *m*
¿Qué es ese **olor** tan fuerte?	Was ist das für ein penetranter Geruch?
sabor *m*	**Geschmack** *m*
Esta sopa tiene un **sabor** muy raro.	Diese Suppe hat einen komischen Geschmack.
saber *v* ⚠ *irr* 28	**schmecken**
Este helado no **sabe** a nada.	Dieses Eis schmeckt nach gar nichts.

parecer *v* ⚠ *irr* 5 — **aussehen; glauben**
Parece que va llover. — Es sieht nach Regen aus.
Me **parece** que he visto ya esta película. — Ich glaube, ich habe diesen Film schon gesehen.

bajo, a *adj, adv* — **leise**
¡Habla un poco más **bajo**! — Sprich ein bisschen leiser!

alto, a *adj, adv* — **laut**
No te oigo. ¿Puedes hablar más **alto**? — Ich kann dich nicht gut hören. Kannst du lauter sprechen?

---

lavarse *v* — **sich waschen**
¡**Lávate** los dientes después de comer! — Putz dir nach dem Essen die Zähne!

bañarse *v* — **baden**
Me gusta mucho **bañarme** cuando vuelvo del trabajo. — Ich bade gerne, wenn ich von der Arbeit nach Hause komme.

ducha *f* — **Dusche** *f*
Después de hacer deporte me doy una **ducha**. — Nach dem Sport dusche ich mich.

ducharse *v* — **(sich ab)duschen**
¿Quieres bañarte o prefieres **ducharte**? — Willst du baden oder lieber duschen?

arreglarse *v* — **sich zurechtmachen**
Tengo que **arreglarme** enseguida. He quedado a las 7. — Ich muss mich jetzt zurechtmachen. Ich bin um 7 Uhr verabredet.

peine *m* — **Kamm** *m*
Siempre llevo un **peine** en el bolso. — Ich habe immer einen Kamm in meiner Tasche.

peinarse *v* — **sich kämmen**
¿Cómo **te has peinado** hoy? Estás guapísima. — Wie hast du dich heute gekämmt? Du siehst toll aus!

jabón *m* — **Seife** *f*
¡Qué bien huele ese **jabón**! — Wie gut diese Seife duftet!

champú *m* — **Shampoo** *n*
Con este **champú** puedes lavarte la cabeza todos los días. — Mit diesem Shampoo kannst du jeden Tag die Haare waschen.

toalla *f*
En mi habitación no hay **toallas**.

Handtuch *n*
In meinem (Hotel)Zimmer fehlen die Handtücher.

cepillo de dientes *m*
Siempre que estoy de viaje me dejo el **cepillo de dientes** en el hotel.

Zahnbürste *f*
Immer wenn ich auf Reisen bin, vergesse ich meine Zahnbürste im Hotel.

pasta de dientes *f*
Esta **pasta de dientes** es muy suave.

Zahncreme *f*
Diese Zahncreme ist sehr mild.

---

actividad *f*
Nuestra empresa concentra sus **actividades** en Europa.

Aktivität *f*
Unser Unternehmen konzentriert seine Aktivitäten auf Europa.

hacer *v* ⚠ *irr* 15
¿Tú qué **haces**?, ¿a qué te dedicas?
No quiero **hacer** los deberes hoy.

machen
Was machst du? Was bist du von Beruf?
Ich will heute die Hausaufgaben nicht machen.

plan *m*
No tenemos ningún **plan** concreto para mañana.

Plan *m*
Wir haben keinen konkreten Plan für morgen.

preparar *v*
Mi jefe no **ha preparado** bien la reunión.
Si quieres, yo **preparo** la cena.

vorbereiten; richten
Mein Chef hat die Sitzung nicht gut vorbereitet.
Wenn du möchtest, mache ich das Abendessen.

prepararse *v*
No **me he preparado** bien para el examen de inglés.

sich vorbereiten; sich einstellen auf
Ich habe mich auf die Englischprüfung nicht gut vorbereitet.

intentar *v*
Quiero **intentar** conseguir un puesto en el extranjero.

versuchen
Ich will versuchen, eine Stelle im Ausland zu bekommen.

realizar(se) *v* ⚠ ***realice, realicé***
Se han realizado nuestros sueños.

verwirklichen, ausführen
Unsere Träume haben sich verwirklicht.

conseguir *v syn:* lograr ⚠ *irr* 21 — **erreichen; gelingen**
No **consigo** convencer a mi jefe del proyecto. — Es gelingt mir nicht, meinen Chef von dem Projekt zu überzeugen.

---

necesitar *v* — **brauchen**
Necesito un buen diccionario de español. — Ich brauche ein gutes Spanisch-Wörterbuch.

perder *v* ⚠ *irr* 23 — **verlieren**
No encuentro las llaves del coche. Creo que las **he perdido**. — Ich finde den Autoschlüssel nicht. Ich glaube, ich habe ihn verloren.

buscar *v* ⚠ ***busque, busqué*** — **suchen**
Estamos buscando piso en las afueras de Madrid. — Wir suchen eine Wohnung außerhalb von Madrid.
Buscamos un piso que no sea muy caro. — Wir suchen eine Wohnung, die nicht so teuer sein sollte.

ⓘ Wenn unbekannt ist, ob es die Person oder Sache, die man sucht, überhaupt gibt, dann steht der Nebensatz im Konjunktiv. Wenn klar ist, welche Person oder Sache gesucht wird, steht der Nebensatz im Indikativ: ***Busco a una chica que es alta y morena. ¿Sabe Ud. si vive aquí?*** Ich suche ein großes, dunkelhaariges Mädchen. Wissen Sie, ob sie hier wohnt?

encontrar *v* ⚠ *irr* 7 — **finden**
¿Dónde estará mi móvil? Lo busco desde ayer y no lo **encuentro** por ninguna parte. — Wo ist wohl mein Handy? Ich suche es seit gestern und kann es nirgends finden.

usar *v* — **benutzen; tragen**
No puedo **usar** ese cepillo de dientes. Es demasiado duro. — Ich kann diese Zahnbürste nicht benutzen. Sie ist zu hart.

uso *m* — **Gebrauch** *m*
Se recomienda el **uso** de cremas con protección para tomar el sol. — Der Gebrauch von Sonnencreme vor dem Sonnenbad ist empfehlenswert.

abrir *v* ⚠ ***abierto*** — **öffnen**
¡Bueno, **abre** la caja y saca tu regalo! — Nun mach schon den Karton auf und nimm dein Geschenk raus!

cerrar *v* ⚠ *irr* 22 — **schließen**
Cierra la ventana. Hay corriente. — Mach das Fenster zu. Es zieht.

cerrar con llave *v* ⚠ *irr* 22
¿**Has cerrado** la puerta **con llave**?

abschließen
Hast du die Tür auch abgeschlossen?

tapar *v*
Tapa la botella y métela en el frigorífico, por favor.

zudecken
Tu bitte den Verschluss auf die Flasche und stell sie in den Kühlschrank.

cambiar *v*
Soy así. No puedo **cambiar**.
¿Puedo **cambiar** este jersey por otro más pequeño?
Mira, en este banco podemos **cambiar** dinero.
Me voy a **cambiar** de ropa. Hace mucho calor.

ändern; (um)tauschen; wechseln; sich umziehen
Ich bin so. Ich kann es nicht ändern.
Kann ich diesen Pullover gegen einen kleineren umtauschen?
Schau mal, in dieser Bank können wir Geld wechseln.
Ich gehe mich umziehen. Es ist sehr heiß.

llenar *v*
Has llenado demasiado el plato. Ten cuidado.

voll machen, (ab)füllen
Du hast den Teller zu voll gemacht. Sei vorsichtig!

cortar *v*
No puedo **cortar** el pan. Está muy duro.
Tienes que **cortarte** el pelo. Lo tienes larguísimo.

(ab)schneiden
Ich kann das Brot nicht schneiden. Es ist sehr hart.
Du musst die Haare schneiden lassen. Sie sind sehr lang.

quemar(se) *v*
En España **se queman** muchos bosques en verano.

(ab)brennen
In Spanien brennen im Sommer viele Wälder.

romper *v* ⚠ ***roto***
¿Quién ha cogido mi paraguas y lo **ha roto**?

kaputtmachen; (zer)brechen
Wer hat meinen Regenschirm genommen und ihn kaputtgemacht?

arreglar *v*
Yo te **arreglo** el ordenador. No te preocupes.
Tengo que **arreglar** mi habitación antes de que llegue Manuel.

reparieren; aufräumen
Ich repariere deinen Computer. Mach dir keine Sorgen.
Ich muss mein Zimmer aufräumen, bevor Manuel kommt.

guardar *v* — **gut aufheben, aufbewahren**

¿**Has guardado** bien el pasaporte y el dinero? — Hast du den Reisepass und das Geld gut aufbewahrt?

conservar(se) *v* — **aufbewahren; erhalten; konservieren**

Los pepinillos **se conservan** muy bien en vinagre. — Gurken kann man sehr gut in Essig konservieren.

---

mover *v* ⚠ *irr* 20 — **bewegen; rücken**

Cuando **muevo** el pie me duele mucho. — Wenn ich den Fuß bewege, tut er mir sehr weh.

No puedo **mover** la mesa sola. Pesa mucho. — Ich kann den Tisch nicht alleine wegrücken. Er ist sehr schwer.

poner *v* ⚠ *irr* 25 — **setzen, stellen, legen; anmachen, einschalten**

Pon la ensalada en la mesa, por favor. — Stell den Salat bitte auf dem Tisch.

¿Puedo **poner** la televisión? — Kann ich den Fernseher anmachen?

colocar *v syn:* poner ⚠ ***coloque, coloqué*** — **hinsetzen, -stellen, -legen, anbringen**

No sabemos dónde vamos a **colocar** el sillón. — Wir wissen nicht, wo wir den Sessel hinstellen werden.

llevar *v* — **bringen; tragen**

Mañana voy a **llevar** las fotos de mi viaje al trabajo. — Morgen bringe ich meine Urlaubsfotos mit zur Arbeit.

Ricardo no **lleva** nunca corbata. — Ricardo trägt nie eine Krawatte.

llevarse *v* — **mitnehmen**

Me llevo muy buenos recuerdos de Cuba. — Ich nehme sehr gute Erinnerungen von Cuba mit.

traer *v* ⚠ *irr* 33 — **(mit)bringen**

¿Qué puedo **traer** el sábado para la fiesta? — Was kann ich Samstag zum Fest mitbringen?

mandar *v syn:* enviar — **schicken**

Te voy a **mandar** unas fotos de mis amigos. — Ich werde dir ein paar Fotos von meinen Freunden schicken.

tirar *v* — **ziehen; (weg)werfen; werfen**

No **tires** así del cajón. Se puede caer. — Zieh die Schublade nicht so weit heraus. Sie kann auf dem Boden fallen.

¿Por qué **tiras** esos calcetines? Están nuevos. — Warum wirfst du diese Socken weg? Sie sind neu.

ⓘ In manchen Ländern Lateinamerikas sagt man für „wegwerfen" ***botar***.

quitar *v* — **wegnehmen, wegräumen, entfernen**

Quita los pies de encima de la mesa, por favor. — Nimm bitte die Füße vom Tisch.

recoger *v* ⚠ ***recojo, recoja*** — **abholen; aufräumen**

¿Cuándo puedo **recoger** el paquete? — Wann kann ich das Paket abholen?

¿Me ayudas a **recoger** la cocina? — Hilfst du mir, die Küche aufzuräumen?

levantar *v* — **heben**

No puedo **levantar** mi maleta del suelo. — Ich kann meinen Koffer nicht vom Boden heben.

subir *v opp:* bajar — **steigen; nach oben bringen; hochtragen; lauter machen**

Mis acciones **han subido** esta semana un 1%. — Meine Aktien sind diese Woche um 1% gestiegen.

¿Por qué no **subimos** la mesa en el ascensor? — Warum bringen wir den Tisch nicht mit dem Lift nach oben?

– Porque no cabe. Tenemos que **subirla** por las escaleras. — – Weil er nicht reinpasst. Wir müssen ihn die Treppe hochtragen.

Sube un poco la música. — Mach die Musik doch etwas lauter.

bajar *v opp:* subir — **sinken; runterfallen; hinuntertragen; leiser machen**

El precio de la gasolina **ha bajado**. — Der Benzinpreis ist gefallen.

Yo la ayudo a **bajar** las maletas, no se preocupe. — Ich helfe Ihnen, die Koffer hinunterzutragen, keine Sorge.

Tengo que hablar por teléfono, **baja** un poco la televisión. — Ich muss telefonieren, mach den Fernseher bitte leiser.

---

tener *v* ⚠ *irr* 32 — **haben**

Si **tienes** tiempo, podemos tomar un café después del trabajo. — Wenn du Zeit hast, können wir nach der Arbeit einen Kaffee trinken.

dar *v* ⚠ *irr* 9 — **geben**

¿Me **das** tu número de teléfono? — Gibst du mir deine Telefonnummer?

regalar *v* — **schenken**

No sé qué **regalarle** a tu madre en Reyes. — Ich weiß nicht, was ich deiner Mutter zu „Heilige Drei Könige" schenken kann.

dejar *v syn:* prestar — **leihen**

Tu anillo es precioso. ¿Me lo **dejas**? — Dein Ring ist wunderschön. Leihst du ihn mir?

tomar *v* — **nehmen**

¿Puedes darme el pan? – Sí, **toma**. — Kannst du mir das Brot geben? – Ja, hier (nimm).

¿Por qué no **tomamos** algo en este bar? — Wollen wir nicht in diesem Café etwas trinken/essen?

coger *v* ⚠ ***cojo, coja*** — **nehmen; aufheben; fangen; pflücken**

Para ir al centro lo mejor es **coger** el 15. — Um in die Stadt zu fahren, nimmt man am besten die Linie 15.

No **cojas** eso del suelo, está sucio. — Heb das nicht vom Boden auf. Es ist schmutzig.

No me gusta **coger** flores. Prefiero comprarlas. — Ich pflücke nicht gern Blumen. Ich kaufe sie lieber.

ⓘ In Mexiko, Uruguay und Argentinien u.a. ist ***coger*** ein absolutes Tabuwort. Um es zu vermeiden werden ***tomar*** (z. B. bei Fahrzeugen) und ***agarrar*** bei Gegenständen benutzt.

recibir *v opp:* dar — **erhalten**

Gracias por tu mensaje. Lo acabo de **recibir**. — Danke für deine Nachricht. Ich habe sie gerade erhalten.

LERNEN UND WISSEN

estudiar *v* — **lernen, studieren**

Quiero **estudiar** español en Sevilla. — Ich will in Sevilla Spanisch lernen.

¿Tú qué **estudias**? – Empresariales. — Was studierst du? – BWL.

ⓘ ***Estudiar*** bedeutet meistens eher „lernen" als „studieren".

aprender *v*
Me encantaría **aprender** a bailar tango.

lernen
Ich würde sehr g[...] tanzen lernen.

Bei der Anwendung/Übersetzung des Verbs ***apren[...]*** beachten, dass „lernen" ohne zeitliche Vorgabe ge[...] während auf ein Ziel, z. B. „ein Examen hin lernen" [...] ***diar*** übersetzt wird.

tema *m*
El catedrático trató el **tema** de manera muy superficial.

Thema *n*
Der Professor hat das T[...] auf eine sehr oberfläc[...] Weise behandelt.

texto *m*
El **texto** que ha escrito Rosa es muy adecuado para ese tema.

Text *m*
Der Text, den Rosa geschr[...]ben hat, ist für dieses Them[...] sehr geeignet.

leer *v*
Me gusta mucho **leer**: novelas, biografías, novelas policíacas ...

lesen
Ich lese sehr gerne: Romane, Biografien, Krimis ...

escribir *v* ⚠ ***escrito***
Querida Elisa: Te **escribo** para comunicarte que ...

schreiben
Liebe Elisa, ich schreibe dir, um dir mitzuteilen, dass ...

copiar *v*
¿Puedo **copiar** las soluciones de tu ejercicio?
No es muy original: **ha copiado** el estilo de Borges.

abschreiben; kopieren
Kann ich von deiner Übung die Lösungen abschreiben?
Er ist nicht sehr originell. Er hat den Stil von Borges kopiert.

libro *m*
El 23 de abril es el Día Mundial del **Libro**.
Pedro ha escrito un **libro**.

Buch *n*
Der 23. April ist der Welttag des Buches.
Pedro hat ein Buch geschrieben.

escritor *m*, **escritora** *f*
¿Conoces alguna **escritora** española? – Sí, claro: Rosa Montero, Almudena Grandes, Espido Freire ...

Schriftsteller(in) *m(f)*, **Autor(in)** *m(f)*
Kennst du spanische Schriftstellerinnen? – Ja, klar: Rosa Montero, Almudena Grandes, Espido Freire ...

biblioteca *f*
Tengo que ir a la **biblioteca**. Necesito un libro sobre Dalí.

Bibliothek *f*
Ich muss in die Bibliothek. Ich brauche ein Buch über Dalí.

letra *f* — **Buchstabe** *m;* **(Lieder)text** *m*

La ñ (eñe) es una **letra** muy española.
Das ñ ist ein typisch spanischer Buchstabe.

La **letra** de esa canción me recuerda a una poesía de Miguel Hernández.
Der Text dieses Liedes erinnert mich an ein Gedicht von Miguel Hernández.

palabra *f* — **Wort** *n*

¿Qué significa la **palabra** “progreso”?
Was bedeutet das Wort „progreso“?

frase *f* — **Satz** *m*

¿Sabes ya algunas **frases** en español?
Kannst du schon einige Sätze auf Spanisch?

Mi sobrino dice ya **frases** enteras.
Mein Neffe sagt schon ganze Sätze.

ejemplo *m* — **Beispiel** *n*

¿Puedes darme un **ejemplo**?
Kannst du mir ein Beispiel geben?

ⓘ Oft wird ***por ejemplo*** „zum Beispiel“ mit ***p. ej.*** abgekürzt.

línea *f* — **Linie** *f;* **Zeile** *f*

Cada ejemplo está separado de los otros por una **línea**.
Jedes Beispiel ist von den anderen durch eine Linie getrennt.

Hay un error en la página 7, en la última **línea**.
Auf Seite 7 in der letzten Zeile ist ein Fehler.

página *f* — **Seite** *f*

Abran el libro de ejercicios por la **página** 14.
Schlagen Sie das Übungsbuch auf Seite 14 auf.

hoja (de papel) *f* — **Blatt (Papier)** *n*

¿Me das una **hoja**, por favor?
Gibst du mir bitte ein Blatt Papier?

papel *m* — **Papier** *n*

Tengo que envolver esto con **papel** de regalo.
Ich muss das in Geschenkpapier einpacken.

VERHALTEN

esperar *v* — **warten; hoffen**

No puedo **esperar** más. Me voy. — Ich kann nicht länger warten. Ich gehe.

Espero que nos veamos pronto. — Ich hoffe, wir sehen uns bald wieder.

asunto *m* — **Angelegenheit** *f*

Haz lo que quieras. No es **asunto** mío. — Mach was du willst. Das ist nicht meine Angelegenheit.

acostumbrado, a *adj* — **gewohnt**

No me molestan sus críticas. Estoy **acostumbrado**. — Seine Kritik stört mich nicht. Ich bin sie gewohnt.

acostumbrarse a *v* — **sich (an)gewöhnen**

Poco a poco **me estoy acostumbrando** a la vida de aquí. — Ich gewöhne mich nach und nach an das Leben hier.

depender *v* — **abhängen von; ankommen auf**

A mi abuelo no le gusta **depender** de nosotros. — Mein Großvater ist nicht gern von uns abhängig.

¿Te gustaría vivir en el extranjero? – **Depende**. — Möchtest du im Ausland leben? – Es kommt darauf an.

atención *f* — **Aufmerksamkeit** *f*

Les agradezco su **atención**. — Ich bedanke mich für Ihre Aufmerksamkeit.

atender a *v* ⚠ *irr* 23 — **jmd. aufmerksam zuhören, hören auf; behandeln**

Si no **atiendes** al profesor, no aprenderás. — Wenn du dem Lehrer nicht aufmerksam zuhörst, wirst du nie lernen.

El médico no puede **atenderle** hoy. Está operando. — Der Arzt kann Sie heute nicht behandeln. Er operiert gerade.

cuidar *v* — **aufpassen auf**

De pequeños, yo **cuidaba** de mis hermanos. — Als Kind habe ich immer auf meine Geschwister aufgepasst.

ⓘ Man kann sowohl die Präposition ***de*** als auch ***a*** verwenden.

vigilar *v* — **aufpassen, beaufsichtigen**
¡Cuidado! Hay un perro **vigilando** delante de la casa. — Vorsicht! Da vor dem Haus ist ein Hund, der aufpasst.

proteger *v* ⚠ ***protejo, proteja*** — **(be)schützen**
Yo creo que María **protege** demasiado a sus hijos. — Ich glaube, Maria beschützt ihre Kinder zu sehr.

protegerse *v* ⚠ ***protejo, proteja*** — **sich schützen**
Hay que **protegerse** del sol. — Man sollte sich vor der Sonne schützen.

protección *f* — **Schutz** *m*
La **protección** de las costas es tarea de todos. — Der Schutz der Küsten ist eine Aufgabe von allen.

esconder *v* — **verstecken**
El perro **ha escondido** el hueso debajo del sillón. — Der Hund hat seinen Knochen unter dem Sessel versteckt.

esconderse *v* — **sich verstecken**
¿Dónde estás, Germán? ¿**Te has escondido**? — Wo bist du, Germán? Hast du dich versteckt?

abandonar *v syn:* dejar — **aussetzen; verlassen**
En España, en verano mucha gente **abandona** a su perro en la calle. — In Spanien setzen im Sommer viele Leute ihren Hund auf der Straße aus.

---

ayudar *v* — **helfen**
¡**Ayúdame** a lavar el coche, por favor! — Helft mir bitte, das Auto zu waschen!

ayuda *f* — **Hilfe** *f*
Gracias por vuestra **ayuda**. — Danke für eure Hilfe.

prometer *v* — **versprechen**
Lo voy a intentar, pero no te **prometo** nada. — Ich werde es versuchen, aber ich kann dir nichts versprechen.

promesa *f* — **Versprechen** *n*
Cuentas con mi **promesa**. — Du kannst auf mein Versprechen zählen.

perdonar *v* — **entschuldigen, verzeihen**
Perdone, por favor, ¿la calle Serrano? — Entschuldigen Sie bitte, wo ist die Serrano-Straße?
No puedo **perdonar** a Pablo. — Ich kann Pablo nicht verzeihen.

perdón *m* — **Verzeihung** *f*
Perdón, no la había visto. — Verzeihung, ich habe Sie nicht gesehen.

culpa *f* — **Schuld** *f*
No es **culpa** tuya. No le pidas perdón. — Es ist nicht deine Schuld. Du solltest ihn nicht um Verzeihung bitten.

disculpa *f* — **Entschuldigung** *f*
Te pido **disculpas**. No sabía lo que hacía. — Ich bitte dich um Entschuldigung. Ich wusste nicht, was ich getan habe.

disculparse *v* — **sich entschuldigen**
Deberías **disculparte** ante tu hermana. — Du solltest dich bei deiner Schwester entschuldigen.

seguir *v* ⚠ *irr* 21 — **weitergehen; weitermachen; folgen**
Para ir al museo, debe **seguir** por esa calle hasta el cruce. — Um zum Museum zu kommen, müssen Sie diese Straße bis zur Kreuzung weitergehen.
¿**Sigues** dando clases de español? — Unterrichtest du immer noch Spanisch?
Siga a ese taxi. — Folgen Sie dem Taxi.

perseguir *v* ⚠ *irr* 21 — **verfolgen**
Me gusta **perseguir** un objetivo hasta el final. — Ich verfolge gerne ein Ziel bis zum Schluss.

molestar *v* — **stören**
Me **molesta** mucho que fumes en mi habitación. — Es stört mich sehr, dass du in meinem Zimmer rauchst.

pegar *v* ⚠ ***pegue, pegué*** — **schlagen**
No **pegues** a Martita: es más pequeña que tú. — Schlag Martita nicht: sie ist kleiner als du.

SPRACHE UND SPRECHABSICHTEN

hablar *v opp:* callarse
Vicente **habla** perfectamente francés y alemán.

sprechen
Vicente spricht perfekt Französisch und Deutsch.

conversar *v*
Me gusta mucho **conversar** contigo.

sich unterhalten
Ich unterhalte mich sehr gern mit dir.

diálogo *m syn:* conversación
No es fácil mantener un **diálogo** con Antonio sin discutir.

Dialog *m*
Es ist nicht einfach, mit Antonio zu reden ohne sich zu streiten.

callarse *v opp:* hablar
No quiero **callarme** ahora. Tengo mucho que decir.

schweigen
Ich will jetzt nicht schweigen. Ich habe viel zu sagen.

decir *v* ⚠ *irr* 10
¿Le **has dicho** a Celia a qué hora quedamos mañana?

sagen
Hast du Celia gesagt, um wie viel Uhr wir uns morgen treffen?

explicar *v* ⚠ ***explique, expliqué***
¿Me puedes **explicar** dónde está el restaurante "Costa"?

erklären
Kannst du mir erklären, wo das Restaurant „Costa" ist?

contar *v* ⚠ *irr* 7
Bueno, **cuéntame**, ¿qué tal las vacaciones?

(er)zählen
Komm, erzähl, wie war der Urlaub?

lengua *f syn:* idioma
En Cataluña se hablan dos **lenguas**: catalán y español.

Sprache *f*
In Katalonien spricht man zwei Sprachen: Katalanisch und Spanisch.

idioma *m syn:* lengua
¿Sabe usted algún **idioma**? – Sí, inglés y un poco de alemán.

Sprache *f*
Können Sie Sprachen? – Ja, ich kann Englisch und ein bisschen Deutsch.

---

preguntar *v opp:* contestar, responder
Antonia nos **preguntó** si queríamos ir con ella al cine.

fragen
Antonia hat uns gefragt, ob wir mit ihr ins Kino gehen wollen.

pregunta *f opp:* respuesta
¿Tienen ustedes alguna **pregunta**?

Frage *f*
Haben Sie noch Fragen?

solución *f* ⚠ *pl* ***las soluciones***
Pueden mirar las **soluciones** en la última página del libro.

Lösung *f*
Sie können die Lösungen auf der letzten Buchseite nachsehen.

contestar *v syn:* responder, *opp:* preguntar
Jaime no supo **contestar**. La pregunta era muy difícil.

antworten
Jaime konnte nicht antworten. Die Frage war zu schwierig.

responder *v syn:* contestar, *opp:* preguntar
Responde tú, yo no sé la respuesta.

(be)antworten
Antworte du, ich weiß die Antwort nicht.

respuesta *f opp:* pregunta
Me dio una **respuesta** demasiado simple.

Antwort *f*
Er hat mir eine zu einfache Antwort gegeben.

consejo *m*
Necesito tu **consejo**. ¿Acepto el puesto en Barcelona, sí o no?

Rat *m*
Ich brauche deinen Rat. Soll ich die Stelle in Barcelona annehmen oder nicht?

aconsejar *v syn:* recomendar
Pregúntale a tu médico. Yo no sé qué **aconsejarte**.

raten
Frag deinen Arzt danach. Ich weiß nicht, was ich dir raten soll.

mostrar *v* ⚠ *irr* 7
Me gustaría **mostrarles** nuestra gama de productos.

zeigen
Ich würde Ihnen gern unsere Produktpalette zeigen.

enseñar *v*
¿Por qué no me **enseñas** a tocar la guitarra?

beibringen; unterrichten
Warum bringst du mir nicht Gitarrespielen bei?

información *f* ⚠ *pl* ***las informaciones***
La **información** que nos dieron en la oficina de turismo nos ayudó mucho.

Auskunft *f*, **Information** *f*
Die Auskunft, die man uns im Fremdenverkehrsamt gegeben hat, hat uns sehr geholfen.

informar *v* — **mitteilen, informieren**
Infórmame de tus planes en cuanto sepas algo más concreto. — Teile mir deine Pläne mit, sobald du etwas Genaueres weißt.

avisar *v* — **Bescheid sagen**
¿Puede **avisarme** cuando lleguemos a la Puerta del Sol? — Können Sie mir Bescheid sagen, wenn wir an der „Puerta del Sol" angekommen sind?

informarse *v* — **sich informieren**
Voy a **informarme** en la ventanilla sobre los horarios de los autobuses a Córdoba. — Ich werde mich am Schalter über die Fahrpläne der Busse nach Córdoba informieren.

noticia *f* — **Neuigkeit** *f;* **Nachricht** *f*
¿Tienes **noticias** de Luisa y Miguel? — Hast du Neuigkeiten von Luisa und Miguel?
Los programas de **noticias** de "La 2" son muy interesantes. — Die Nachrichtensendungen des 2. Programms sind sehr interessant.

mensaje *m* — **Nachricht** *f;* **Botschaft** *f*
Puede dejar un **mensaje** después de la señal. — Sie können nach dem Signal eine Nachricht hinterlassen.

significar *v* ⚠ ***significique, signifiqué*** — **bedeuten**
¿Qué **significa** la palabra "paisaje"? — Was bedeutet das Wort „paisaje"?

significado *m* — **Bedeutung** *f*
En un diccionario puedes encontrar el **significado** de las palabras. — In einem Wörterbuch kannst du die Bedeutung von Wörtern finden.

---

opinión *f* ⚠ *pl* ***las opiniones*** — **Meinung** *f*
Su **opinión** es fundamental para nosotros. — Ihre Meinung ist wesentlich für uns.

a favor de *prep* — **für**
Yo estoy **a favor de** la propuesta del Sr. Blanco. — Ich bin für den Vorschlag von Herrn Blanco.

en contra de *prep* — **gegen**
Estamos **en contra de** la discrimación racial. — Wir sind gegen Rassendiskriminierung.

sí *adv*
¿Te parece bien mi idea?
– **Sí**, claro.

ja
Findest du meinen Vorschlag gut? – Ja, klar.

no *adv*
¿Vienes con nosotros al cine?
– **No**, lo siento. **No** puedo.

nein; nicht
Kommst du mit ins Kino?
– Nein, tut mir Leid. Ich kann nicht.

claro *adv*
¿Me ayudas a hacer la traducción? – ¡**Claro**!, ahora mismo.

klar
Hilfst du mir, die Übersetzung zu machen? – Aber klar, sofort.

por supuesto *adv*
syn: naturalmente
¿Puede venir Isabel con nosotros al concierto? – **Por supuesto**. Llámala.

natürlich, selbstverständlich
Kann Isabel mit uns ins Konzert gehen? – Natürlich! Ruf sie an!

correcto, a *adj*
No es del todo **correcto** lo que dices.

richtig; korrekt
Es ist nicht ganz richtig, was du sagst.

exacto, a *adj*
No te puedo dar una respuesta **exacta** a tu pregunta.

genau
Ich kann dir auf deine Frage keine genaue Antwort geben.

exactamente *adv*
¿A qué hora llegamos a Barcelona **exactamente**?

genau
Wann genau kommen wir in Barcelona an?

real *adj*
La película está basada en un hecho **real**.

wirklich
Der Film basiert auf einer Tatsache.

cierto, a *adj*
Lo que contó Antonia ayer no parece del todo **cierto**.

wahr; richtig
Was Antonia gestern erzählt hat, scheint nicht sehr wahr.

verdad *f opp:* mentira
Te he contado la **verdad**.

¿Es **verdad** que te vas a vivir a Chile?
¿Te has comprado un piso?, ¿de **verdad**?

Wahrheit *f*
Ich habe dir die Wahrheit gesagt.
Stimmt es, dass du nach Chile ziehst?
Du hast dir eine Wohnung gekauft? Wirklich?

tener razón *v* ⚠ *irr* 32 — **Recht haben**

Tienes razón: voy a llamar a Santiago y le voy a pedir perdón. — Du hast Recht: ich werde Santiago anrufen und ihn um Verzeihung bitten.

admitir *v* — **zugeben**

Deberías **admitir** tus errores. — Du solltest deine Fehler zugeben.

equivocado, a *adj* — **irrig, unrichtig**

Siento decirle que está muy **equivocado**. — Leider muss ich Ihnen sagen, dass Sie sich irren.

equivocarse *v* ⚠ ***me equivoque, me equivoqué*** — **sich irren; sich verwählen; sich verfahren; sich versprechen**

¿El 95-23-45-66? No, lo siento, **se ha equivocado**. — Die Nummer 95-23-45-66? Nein, tut mir Leid. Sie haben sich verwählt.

Nos hemos equivocado de calle. Tenemos que dar la vuelta. — Wir haben die falsche Straße genommen. Wir müssen zurückfahren.

Me he equivocado. Quería decir Austria y no Australia. — Ich habe mich versprochen. Ich wollte „Austria“ und nicht „Australia“ sagen.

error *m* — **Fehler** *m*

Ha sido un **error** comprarle una corbata a Pepe. ¡Las odia! — Es war ein Fehler, Pepe eine Krawatte zu schenken. Er hasst Krawatten!

---

prueba *f* — **Beweis** *m*

Sabemos quién provocó el accidente, pero no tenemos **pruebas**. — Wir wissen, wer den Unfall verursacht hat, aber wir haben keinen Beweis.

seguro, a *adj* — **sicher, bestimmt**

Me siento **segura** en esta ciudad. — Ich fühle mich sicher in dieser Stadt.

seguramente *adv* — **sicherlich, sehr wahrscheinlich**

Seguramente iremos al año que viene a México. — Sicherlich werden wir nächstes Jahr nach Mexiko fahren.

ⓘ Aus der Femininform des Adjektivs lässt sich zusammen mit dem Suffix ***-mente*** das entsprechende Adverb bilden.

en realidad *adv* **En realidad** pensamos lo mismo.	**eigentlich** Eigentlich meinen wir dasselbe.
suponer *v* ⚠ *irr* 25 ¡**Supongo** que irás a España en verano!	**annehmen** Ich nehme an, du fährst im Sommer nach Spanien.
probable *adj* Es **probable** que consiga ese trabajo.	**wahrscheinlich** Es ist wahrscheinlich, dass ich diese Arbeit kriege.
probablemente *adv* **Probablemente** vendrán a verme mis padres en Navidades.	**wahrscheinlich** Wahrscheinlich kommen meine Eltern mich Weihnachten besuchen.
posible *adj opp:* imposible ¡No puede ser **posible** lo que cuentas de tus vecinos!	**möglich** Was du von deinen Nachbarn erzählst, kann einfach nicht möglich sein!
posiblemente *adv* **Posiblemente** hagamos la fiesta en el jardín. Pero no es seguro todavía.	**möglicherweise** Möglicherweise werden wir die Party im Garten machen. Es ist aber noch nicht sicher.
imposible *adj opp:* posible Es **imposible** encontrar trabajo en esta ciudad.	**unmöglich** Es ist unmöglich, in dieser Stadt eine Arbeit zu finden.

---

preferir *v* ⚠ *irr* 30 ¿Qué **prefieres**?, ¿vino blanco o tinto?	**lieber mögen, vorziehen** Was magst du lieber? Weißwein oder Rotwein?
elegir *v* ⚠ *irr* 21, ***elijo, elija*** **Elige** uno de los pañuelos. Yo te lo regalo.	**(aus)wählen, aussuchen** Such dir eins von den Halstüchern aus. Ich schenke es dir.
encantar *v* Me **encanta** la comida colombiana.	**begeistern; lieben** Ich liebe kolumbianisches Essen.

ⓘ ***Encantar*** wird nicht durch das Adverb ***mucho*** ergänzt, im Gegensatz zu ***gustar: me gusta mucho***.

bueno, a *adj opp:* malo ¡En tu casa está todo **buenísimo**!	**gut** Bei dir schmeckt alles sehr gut!

ⓘ ***Estar bueno, a*** drückt aus, wie gut etwas schmeckt: ***¡Qué buena está la sopa!*** Die Suppe schmeckt aber gut! Vor maskulinen Substantiven im Singular wird ***bueno*** zu ***buen: Eres un buen amigo***. Du bist ein guter Freund.

bien *adv opp:* mal — **gut**
¿Cómo estás? – **Bien**, ¿y tú? — Wie geht es dir? – Gut, und dir?

mejor *adj opp:* peor — **besser**
El coche de Lola es **mejor** que el de Ramón. — Lolas Auto ist besser als das von Ramón.

ⓘ ***mejor (que)*** ist der Komparativ von ***bien*** und ***bueno*** und ***el/la mejor*** ist der Superlativ von ***bueno***.

estupendo, a *adj* — **toll, fantastisch**
¿Vamos mañana al campo? – ¡Qué bien!, ¡**estupendo**! — Fahren wir morgen aufs Land? – Super Idee, toll!

ⓘ Dieses Adjektiv bildet keinen Komparativ oder Superlativ, da es schon die Bedeutung eines Superlativs hat.

excelente *adj* — **ausgezeichnet**
El servicio de este hotel es **excelente**. — Der Service in diesem Hotel ist ausgezeichnet.

ⓘ Dieses Adjektiv bildet keinen Komparativ oder Superlativ, da es schon die Bedeutung eines Superlativs hat.

malo, a *adj opp:* bueno — **schlecht**
¡Qué **mal** tiempo hace hoy! — Was für ein schlechtes Wetter wir heute haben!

ⓘ Vor maskulinen Substantiven im Singular wird ***malo*** zu ***mal: Eres un mal amigo***. Du bist ein schlechter Freund.

mal *adv opp:* mal — **schlecht; falsch**
Hemos jugado muy **mal**. Por eso hemos perdido. — Wir haben sehr schlecht gespielt. Deswegen haben wir verloren.

peor *adj opp:* mejor — **schlechter** → débil
Tu hermana cocina todavía **peor** que tu madre. — Deine Schwester kocht noch schlechter als deine Mutter.

ⓘ ***Peor (que)*** ist der Komparativ von ***mal*** und ***malo*** und ***el/la peor*** ist der Superlativ von ***malo***.

horrible *adj*
Pasé un día **horrible** después de la operación. Me dolía todo el cuerpo.

schrecklich
Der Tag nach der Operation war schrecklich. Der ganze Körper hat mir weh getan.

interesante *adj*
¿Qué le ha parecido la obra de teatro? – Muy **interesante**.

interessant
Wie fanden Sie das Theaterstück? – Sehr interessant.

raro, a *adj*
Los compañeros de Felipe son un poco **raros**, ¿no?

komisch, merkwürdig, seltsam; selten
Felipes Kollegen sind etwas komisch, nicht wahr?

original *adj*
Mi jefe lleva siempre unas corbatas muy **originales**.

originell
Mein Chef trägt immer sehr originelle Krawatten.

aburrido, a *adj*
¿Qué tal la última novela de Suárez? – Muy **aburrida**.

langweilig
Wie ist der letzte Roman von Suárez? – Sehr langweilig.

ⓘ ***Es aburrido*** heißt, dass eine Person oder Sache an sich langweilig ist. Aber ***una persona que se aburre*** oder ***está aburrida*** bedeutet, dass ein Mensch sich gerade langweilt.

importante *adj*
La reunión de hoy es muy **importante**.

wichtig
Die heutige Besprechung ist sehr wichtig.

útil *adj*
Mira, éste libro da consejos muy **útiles** sobre cómo invertir dinero.

nützlich
Schau mal, dieses Buch gibt sehr nützliche Tipps, wie man Geld anlegen kann.

práctico, a *adj*
Es más **práctico** ir en tren que en coche. Seguro que habrá atascos en la carretera.

praktisch
Es ist praktischer, mit dem Zug als mit dem Auto zu fahren. Bestimmt gibt es Staus auf der Straße.

simple *adj syn:* sencillo
El asunto no es tan **simple** como crees tú.

einfach
Die Angelegenheit ist nicht so einfach, wie du glaubst.

sencillo *adj syn:* sencillo
Rosa lleva siempre una ropa muy **sencilla** y elegante.

schlicht, einfach, unkompliziert
Rosa trägt immer sehr schlichte und elegante Kleidung.

fácil *adj opp:* difícil
Los ejercicios de este libro son demasiado **fáciles** para mí.

einfach, leicht
Die Übungen in diesem Buch sind zu einfach für mich.

difícil *adj opp:* fácil
Es muy **difícil** saber lo que piensas de verdad.

schwierig, kompliziert
Es ist sehr schwierig zu wissen, was du wirklich denkst.

---

deber *v*
Deberías ir al médico. Tienes una tos horrible.

sollen; müssen
Du solltest zum Arzt gehen. Du hast einen schrecklichen Husten.

tener que *v*
Tengo que levantarme muy temprano mañana. El avión sale a las 7.

müssen
Ich muss morgen sehr früh aufstehen. Das Flugzeug geht um 7 Uhr morgens ab.

poder *v* ⚠ *irr* 24
¿**Puedo** hacerle una pregunta?
No se **puede** aparcar en esta calle.

dürfen
Darf ich Ihnen eine Frage stellen?
Auf dieser Straße darf man nicht parken.

ordenar *v*
¡Te **ordeno** que lo hagas ahora mismo!

befehlen
Ich befehle dir, das sofort zu tun!

permitir *v syn:* dejar
No te **permito** que me hables así.
No se **permite** el uso de ordenadores portátiles durante el aterrizaje.

erlauben, gestatten
Ich erlaube dir nicht, so mit mir zu sprechen.
Der Gebrauch von Laptops ist während der Landung nicht gestattet.

permiso *m*
¿Has conseguido ya el **permiso** de residencia?

Erlaubnis *f*
Hast du die Aufenthaltserlaubnis schon bekommen?

prohibir *m*
Está prohibido tirar basura aquí.
En muchos lugares públicos **está prohibido** el uso del teléfono móvil.

verbieten
Es ist verboten, hier Abfall wegzuwerfen.
Der Gebrauch von Handys ist an vielen öffentlichen Orten verboten.

---

querer *v* ⚠ *irr* 26
Queremos alquilar un piso más grande.

möchten; wollen
Wir wollen eine größere Wohnung mieten.

Quería un kilo de manzanas y dos tomates.
Ich möchte ein Kilo Äpfel und zwei Tomaten.

ⓘ Mit dem Imperfekt von ***querer*** klingt eine Bitte oder ein Wunsch höflicher: ***Buenos días. Quería hablar con el Sr. Jiménez.*** Guten Tag. Ich hätte gerne Herrn Jiménez gesprochen. (wörtl. Ich wollte mit Herrn Jiménez sprechen.)

esperar *v*
hoffen
Espero que te guste mi regalo.
Ich hoffe, dass mein Geschenk dir gefällt.

desear *v*
wünschen
Te **deseo** muy éxito.
Ich wünsche dir viel Erfolg.

deseo *m*
Wunsch *m*
Tengo un único **deseo**: volver a ver a Marga.
Ich habe einen einzigen Wunsch: Marga wiederzusehen.

pedir *v* ⚠ *irr* 21
bitten
¿Puedo **pedirte** un favor?
Kann ich dich um einen Gefallen bitten?

gustar *v (+ Infinitiv)*
gern tun
De pequeño me **gustaba** mucho jugar al fútbol.
Als Kind habe ich sehr gern Fußball gespielt.

necesario, a *adj*
notwendig
Esa medida era **necesaria** desde hace tiempo.
Diese Maßnahme war schon lange nötig.
Es **necesario** que empecemos el trabajo pronto.
Wir müssen bald mit der Arbeit beginnen.

hacer falta *v* ⚠ *irr* 15
brauchen
Hace falta mucha paciencia para poder vivir contigo.
Man braucht viel Geduld, um mit dir zusammenleben zu können.

¡Hola!
Hallo!
¡**Hola**!, ¿qué tal?
Hallo! Wie gehts?

Mucho gusto
Sehr erfreut
Le presento a mi mujer. – **Mucho gusto**.
Darf ich Ihnen meine Frau vorstellen? – Sehr erfreut.

Buenos días
Guten Tag
Buenos días. ¿Qué desea?
Guten Tag. Was wünschen Sie?

In Lateinamerika, z. B. in Argentinien, hört man auch ***Buen día***.

Buenas tardes
Guten Tag; Guten Abend

Buenas tardes. – ¡Hola, **buenas tardes**!
Guten Abend! – Hallo, guten Abend!

¡Adiós, **buenas tardes**!
Auf Wiedersehen! Und einen schönen Abend noch!

Buenas tardes sagt man nach dem Mittagessen bis zum Einbruch der Dunkelheit.

Buenas noches
Guten Abend; Gute Nacht

Hola, **buenas noches**. Un café, por favor.
Hallo, guten Abend. Einen Kaffee, bitte.

Buenas noches sagt man nach Einbruch der Dunkelheit.

Buenos días, Buenas tardes und **Buenas noches** kann man auch verwenden, wenn man sich von jemandem verabschiedet.

¡Adiós!
Auf Wiedersehen!

¡**Adiós**!, ¡buen viaje!
Auf Wiedersehen, gute Reise!

¡Hasta luego!
Tschüs!, Bis dann!, Bis später!

¡Adiós y gracias! – ¡**Hasta luego**, gracias!
Auf Wiedersehen und danke! – Tschüs, danke!

In Lateinamerika sagt man auch ***Nos vemos***, was soviel heißt wie „Man sieht sich“.

¡Hasta mañana!
Bis morgen!

Yo me acuesto. ¡**Hasta mañana**!
Ich gehe ins Bett. Bis morgen!

¡Hasta pronto!
Bis bald!

Un abrazo y ¡**hasta pronto**!
Schöne Grüße (wörtl. eine Umarmung) und bis bald!

señor *m*, señora *f*
Herr, Frau *m, f*

¿Es usted el **señor** López? – Sí, soy yo.
Sind Sie Herr López? – Ja, das bin ich.

¡Buenos días, **señora** Sánchez!, ¿cómo está?	Guten Tag, Frau Sánchez! Wie geht es Ihnen?

ⓘ Wird von jemandem gesprochen, nennt man auch den Artikel: ***¿Está la señora Gómez?*** Ist Frau Gomez da? Spricht man jemanden direkt an, steht kein Artikel: ***Muchas gracias, señor García***. Vielen Dank, Herr García. Abkürzungen: ***Sr. (señor)*** Herr; ***Sra. (señora)*** Frau; ***Sres. (señores)*** Damen und Herren, Herren

señorita *f*	**Fräulein** *n*
Señorita, por favor. ¿Cuánto cuesta esta falda?	Entschuldigung, wie viel kostet dieser Rock?

ⓘ Einige Gesprächspartner vermeiden heute diese Anrede. ***Señorita*** wird aber immer noch als Anrede für Verkäuferinnen, Kellnerinnen und andere Dienstkräfte verwendet.

dar recuerdos *v* ⚠ *irr* 9	**Grüße ausrichten**
Dale muchos **recuerdos** a tu familia de mi parte.	Grüß deine Familie von mir.

¿Cómo está Ud.?	**Wie geht es Ihnen?**
¿Qué tal?	**Wie gehts?**
¿Cómo dice(s)?	**Wie bitte?**
(muchas) gracias	**(vielen) Dank**
por favor	**bitte**
de nada	**bitte sehr, keine Ursache**
¡Perdón!, ¡Perdone!, ¡Perdona!	**Verzeihung!, Verzeihen Sie bitte!, Verzeih mir bitte!**
Lo siento.	**Es tut mir Leid.**
¡Encantado, a!	**Sehr erfreut!**

DER MENSCH UND DIE GESELLSCHAFT

llamarse *v* — **heißen**
Yo **me llamo** Marisa, ¿y tú? — Ich heiße Marisa, und du?

nombre *m* — **Name** *m*
¿Su **nombre**, por favor? — Ihr Name, bitte?

apellido *m* — **Nachname** *m*
Los españoles y algunos latinoamericanos tienen oficialmente dos **apellidos**. — Die Spanier und manche Lateinamerikaner haben offiziell zwei Nachnamen.

ⓘ In spanischsprachigen Ländern hat man zwei Nachnamen, der erste ist vom Vater und der zweite von der Mutter.

edad *f* — **Alter** *n*
¿Qué **edad** tiene usted? — Wie alt sind Sie?

niño *m*, **niña** *f* — **Kind** *n*; **Junge, Mädchen** *m, n*
Hoy no había ningún **niño** en el parque. — Heute war kein Kind auf dem Spielplatz.

bebé *m* — **Baby** *n*
En esta tienda hay una ropa de **bebé** preciosa. — In diesem Geschäft gibt es wunderschöne Baby-Kleidung.

chico *m*, **chica** *f* — **Junge, Mädchen** *m, n*
¿Van a venir muchos **chicos** a la fiesta de Elena? — Kommen viele Jungen auf Elenas Party?

mujer *f opp:* hombre — **Frau** *f*
Rosario y Asunción son nombres de **mujer**. — Rosario und Asunción sind Frauennamen.

hombre *m opp:* mujer — **Mann** *m*
A pocos **hombres** les gusta planchar. — Nur wenige Männer bügeln gerne.

persona *f* — **Mensch, Person** *m*
En esta sala caben quinientas **personas**. — In diesem Saal haben 500 Personen Platz.

---

familia *f* — **Familie** *f*
En España la **familia** tiene todavía un papel importante. — In Spanien hat die Familie noch eine wichtige Rolle.

familiar *m, f*
Hemos invitado a la fiesta a **familiares** y amigos.

Verwandte(r) *f(m)*
Wir haben zu dem Fest Verwandte und Freunde eingeladen.

padre *m*
El **padre** de Cristina es taxista.

Vater *m*
Cristinas Vater ist Taxifahrer.

ⓘ ***papá*** sagt man in der Familie. ***padres*** bedeutet „Eltern" und „Väter".

madre *f*
Lorena tiene una **madre** muy joven y muy guapa.

Mutter *f*
Lorena hat eine sehr junge und hübsche Mutter.

ⓘ In der Familie sagt man ***mamá***.

hijo *m*, **hija** *f*
Tus **hijos** son muy callados, ¿no?

Sohn, Tochter *m, f*
Deine Kinder sind sehr still, nicht?

ⓘ ***Hijos*** bedeutet „Kinder" und „Söhne".

hermano *m*, **hermana** *f*
El año pasado fuimos de vacaciones con mi **hermano** y su mujer.

Bruder, Schwester *m, f*
Letztes Jahr sind wir mit meinem Bruder und seiner Frau in Urlaub gefahren.

ⓘ ***Hermanos*** bedeutet „Brüder" und „Geschwister".

tío *m*, **tía** *f*
En Nochebuena suelo cenar en casa de mis **tíos**.

Onkel, Tante *m, f*
Am Heiligen Abend esse ich gewöhnlich bei meinem Onkel und meiner Tante.

ⓘ ***Tíos*** bedeutet auch „Onkel und Tante(n)".

sobrino *m*, **sobrina** *f*
Mi **sobrino** ya va al colegio.

Neffe, Nichte *m, f*
Mein Neffe geht schon in die Schule.

ⓘ ***Sobrinos*** bedeutet auch „Neffen und Nichten".

primo *m*, **prima** *f*
Hablo con mi **prima** una vez al mes.

Vetter, Kusine *m, f*
Einmal im Monat telefoniere ich mit meiner Kusine.

ⓘ ***Primos*** bedeutet auch „Vettern und Kusinen".

abuelo *m*, **abuela** *f*
Mi **abuelo** murió con ciento cinco años.

Großvater, Großmutter *m, f*
Mein Großvater starb mit 105 Jahren.

ⓘ ***Abuelos*** bedeutet „Großväter" und „Großeltern".

nieto *m*, **nieta** *f*
Mis abuelos tienen muchos **nietos**.

Enkel(in) *m(f)*
Meine Großeltern haben viele Enkelkinder.

ⓘ ***Nietos*** bedeutet auch „Enkelkinder".

casado, a *adj*
Gisela y Manuel viven juntos pero no están **casados**.

verheiratet
Gisela und Manuel wohnen zusammen, sind aber nicht verheiratet.

soltero, a *adj*
Todos mis compañeros del trabajo están **solteros**.

ledig
Alle meine Arbeitskollegen sind ledig.

separado, a *adj*
Mis padres están **separados**.

getrennt
Meine Eltern leben getrennt.

divorciado, a *adj*
Mi jefe está **divorciado**.

geschieden
Mein Chef ist geschieden.

marido *m opp:* mujer
¿Ha venido tu **marido** también a la reunión?

(Ehe)mann *m*
Ist dein Mann auch zu der Sitzung gekommen?

mujer *f opp:* marido
Muchas **mujeres** trabajan fuera de casa.

(Ehe)frau *f*
Viele Frauen sind berufstätig.

---

gente *f*
¡Cuánta **gente** hay hoy en la playa!

Leute *pl*, **Menschen** *pl*
Wie viele Leute heute am Strand sind!

Achtung! ***gente*** wird im Spanischen im Singular benutzt.

sociedad *f* — **Gesellschaft** *f*
La **sociedad** actual es muy competitiva. — Die heutige Gesellschaft ist sehr wettbewerbsorientiert.

vecino *m*, **vecina** *f* — **Nachbar(in)** *m(f)*
Mi **vecina** me va a regar las plantas hasta que yo vuelva. — Meine Nachbarin wird meine Pflanzen gießen, bis ich zurückkomme.

amigo *m*, **amiga** *f* — **Freund(in)** *m(f)*
Tenemos muy buenos **amigos** en el barrio. — In unserem Stadtviertel haben wir sehr gute Freunde.

conocido *m*, **conocida** *f* — **Bekannte(r)** *f(m)*
El director del Banco de Bilbao es un **conocido** de mis padres. — Der Direktor der „Banco de Bilbao" ist ein Bekannter meiner Eltern.

desconocido *m*, **desconocida** *f* — **Fremde(r)** *f(m)*
Anoche había unos **desconocidos** en el portal. — Gestern Abend waren Fremde im Hauseingang.

privado, a *adj* — **privat**
Este hotel tiene una playa **privada**. — Dieses Hotel hat einen Privatstrand.

---

trabajar *v* — **arbeiten**
Ayer **trabajé** hasta las once de la noche. — Gestern habe ich bis 11 Uhr abends gearbeitet.

trabajo *m* — **Arbeit** *f*
Emilia no encuentra **trabajo** desde hace dos años. — Emilia findet seit zwei Jahren keine Arbeit.

Desde hace (seit), wird im Spanischen vor einem Zeitraum, **desde** (seit) vor einem Zeitpunkt verwendet: ***desde hace una semana*** seit einer Woche, ***desde ayer*** seit gestern.

dedicarse *v* ⚠ ***dedique, dediqué*** — **tätig sein, sich beschäftigen**
Mi familia **se ha dedicado** siempre al arte. — In meiner Familie haben sich immer alle mit Kunst beschäftigt.

representante *m, f* — **Vertreter(in)** *m(f)*

Mi abuelo era **representante** de una empresa de relojes. — Mein Großvater war Vertreter für eine Uhrenfirma.

dependiente *m*, **dependienta** *f* — **Verkäufer(in)** *m(f)*

¡No entres en esta zapatería! El **dependiente** es muy antipático. — Geh bloß nicht in dieses Schuhgeschäft! Der Verkäufer ist sehr unsympathisch.

panadero *m*, **panadera** *f* — **Bäcker(in)** *m(f)*

Me levanto muy temprano. Soy **panadero**. — Ich stehe sehr früh auf. Ich bin Bäcker.

cocinero *m*, **cocinera** *f* — **Koch, Köchin** *m, f*

El **cocinero** de este restaurante es vasco. — Der Koch dieses Restaurants ist ein Baske.

ingeniero *m*, **ingeniera** *f* — **Ingenieur(in)** *m(f)*

Este avión lo han construido **ingenieros** de toda Europa. — Ingenieure aus ganz Europa haben an diesem Flugzeug gebaut.

mecánico *m*, **mecánica** *f* — **Mechaniker(in)** *m(f)*

No puedo arrancar el coche. Tengo que llamar al **mecánico**. — Ich kann das Auto nicht starten. Ich muss einen Mechaniker rufen.

peluquero *m*, **peluquera** *f* — **Friseur(in)** *m(f)*

Yo te puedo recomendar un **peluquero** buenísimo. — Ich kann dir einen sehr guten Friseur empfehlen.

periodista *m, f* — **Journalist(in)** *m(f)*

La entrada del palacio estaba llena de **periodistas**. — Der Eingang des Schlosses war voll von Journalisten.

ⓘ Berufsbezeichnungen auf ***-ista*** sind sowohl männlich als auch weiblich. Der Plural lautet ***los/las periodistas.***

secretario *m*, **secretaria** *f* — **Sekretär(in)** *m(f)*

Hablé ayer con su **secretaria** y me dio una cita con usted para hoy. — Ich habe gestern mit Ihrer Sekretärin gesprochen, und sie hat mir für heute einen Termin bei Ihnen gegeben.

profesión *f* ⚠ *pl* ***las profesiones*** — **Beruf** *m*

¿Qué **profesión** tiene usted? — Was für einen Beruf haben Sie?

profesional *m, f* Es muy difícil encontrar buenos **profesionales**.	**Fachmann, Fachfrau** *m, f* Es ist schwer, gute Fachleute zu finden.

ⓘ ***Profesional*** wird auch als Adjektiv gebraucht: ***Ha hecho usted un trabajo muy profesional.*** Sie haben eine sehr professionelle Arbeit gemacht.

especialista *m, f* Necesito un **especialista** en alergias.	**Spezialist(in)** *m(f)* Ich brauche einen Spezialisten für Allergien.

---

pobre *adj opp:* rico En España no existen ya regiones „**pobres**".	**arm** In Spanien gibt es keine „armen" Regionen mehr.
rico, a *adj opp:* pobre Somos más **ricos** que antes, pero no más felices.	**reich** Wir sind reicher als früher, aber nicht glücklicher.
libre *adj* Desde que vivo solo, me siento muy **libre**.	**frei** Seitdem ich allein wohne, fühle ich mich freier.
dueño *m*, **dueña** *f* Su padre es el **dueño** de la empresa.	**Inhaber(in)** *m(f)* Sein Vater ist der Inhaber der Firma.
jefe *m*, **jefa** *f* Le he pedido a mi **jefe** un aumento de sueldo.	**Chef(in)** *m(f)* Ich habe meinen Chef um eine Gehaltserhöhung gebeten.

---

social *adj* Todas las grandes ciudades tienen problemas **sociales**.	**Gesellschafts-, gesellschaftlich, sozial** Alle Großstädte haben soziale Probleme.
tradición *f* ⚠ *pl* ***las tradiciones*** En Cataluña se cuidan mucho las **tradiciones**.	**Tradition** *f* In Katalonien werden Traditionen sehr gepflegt.
tradicional *adj* Me gustan mucho los trajes **tradicionales** valencianos.	**traditionell** Die traditionellen Trachten aus Valencia gefallen mir sehr.

quedar *v*	**sich verabreden; sich treffen**
He quedado con María para ir a tomar un café.	Ich habe mich mit María verabredet, um einen Kaffee trinken zu gehen.
¿Cuándo **quedamos**? – Pues, a las siete, ¿qué te parece?	Wann treffen wir uns? – Mmm ..., um sieben Uhr, was meinst du?
encontrarse *v* ⚠ *irr* 7	**treffen; sich befinden**
Siempre **me encuentro** a Luis en el metro.	Ich treffe immer Luis in der U-Bahn.
reunión *f* ⚠ *pl* ***las reuniones***	**Treffen** *n;* **Versammlung** *f;* **Besprechung** *f*
¿A qué hora es la **reunión**?	Um wie viel Uhr ist die Besprechung?
reunirse *v*	**sich treffen, sich versammeln**
Nos tenemos que **reunir** para hablar de los proyectos del año que viene.	Wir müssen uns treffen, um über die Projekte des nächsten Jahres zu reden.
cita *f*	**Termin** *m*; **Verabredung** *f*
Tengo una **cita** con mi abogado mañana.	Morgen habe ich einen Termin bei meinem Anwalt.
invitación *f* ⚠ *pl* ***las invitaciones***	**Einladung** *f*
Gracias por tu **invitación** de boda. La recibí ayer.	Danke für die Einladung zu deiner Hochzeit. Ich habe sie gestern bekommen.
invitar *v*	**einladen**
¿A quién **has invitado** a tu cumpleaños?	Wen hast du zu deinem Geburtstag eingeladen?
invitado *m*, **invitada** *f*	**Gast** *m*
En la boda de Ricardo había más de doscientos **invitados**.	Auf Ricardos Hochzeit waren mehr als 200 Gäste.
visitar *v*	**besichtigen; besuchen**
No pude **visitar** la Catedral de Sevilla porque estaba cerrada.	Ich konnte den Dom von Sevilla nicht besichtigen, weil er geschlossen war.
El próximo verano nos gustaría **visitar** a nuestros amigos chilenos en Santiago.	Nächstes Jahr würden wir gern unsere chilenischen Freunde in Santiago besuchen.

visita *f* — **Führung** *f*; **Besichtigung** *f*; **Besuch** *m*

A las once hay una **visita** guiada. — Um 11 Uhr gibt es eine Führung.

Gracias por tu **visita**. — Danke für deinen Besuch.

fiesta *f* — **Fest** *n*

Vamos a dar una **fiesta** en el jardín. — Wir werden ein Gartenfest machen.

regalo *m* — **Geschenk** *n*

Gracias por el **regalo**. Es precioso. — Danke für das Geschenk. Es ist wunderschön.

SCHICKSAL UND ZUFALL

pasar *v syn:* ocurrir, suceder — **passieren, geschehen**

¿Qué **ha pasado**? He oído un ruido muy extraño. — Was ist passiert? Ich habe ein seltsames Geräusch gehört.

ocurrir *v syn:* pasar, suceder — **passieren**

No sé cómo ha podido **ocurrir** algo así. — Ich weiß nicht, wie so etwas passieren konnte.

casualidad *f* — **Zufall** *m*

¡Pero Mercedes!, ¡qué **casualidad**! ¿Vienes mucho por esta zona? — Aber Mercedes, was für ein **Zufall**! Kommst du öfters in diese Gegend?

suerte *f opp:* mala suerte — **Glück** *n*

Te deseo mucha **suerte**. — Ich wünsche dir viel Glück.

salvar *v* — **retten**

El doctor Jiménez me **salvó** la vida. — Doktor Jiménez hat mir das Leben gerettet.

problema *m* — **Problem** *n*

Vicente tiene muchos **problemas** en el trabajo. — Vicente hat viele Probleme bei der Arbeit.

peligro *m* — **Gefahr** *f*

Nos avisó del **peligro**. — Er warnte uns vor der Gefahr.

peligroso, a *adj* — **gefährlich**

¡Cuidado! Curvas **peligrosas** a 500 metros. — Vorsicht! Gefährliche Kurven in 500 Metern.

desgracia *f*
¡Qué **desgracia**!, no sé cómo vamos a superarlo.

Unglück *n*
Was für ein Unglück! Ich weiß nicht, wie wir es überwinden werden.

grave *adj*
La situación no es tan **grave** como parece.

schlimm
Die Lage ist nicht so schlimm, wie sie scheint.

DER MENSCH UND SEIN ZUHAUSE

casa *f*
¡Por fin en **casa**!
Me encanta tu **casa**.

Haus *n;* **Wohnung** *f*
Endlich zu Hause!
Deine Wohnung/Dein Haus gefällt mir sehr.

piso *m*
Nos hemos comprado un **piso** en Granada.
Vivo en la calle Princesa 7, en el 5° **piso**.

Wohnung *f;* **Stockwerk** *n*
Wir haben eine Wohnung in Granada gekauft.
Ich wohne in der Princesa-Straße, im 5. Stock.

ⓘ In Spanien stehen die Namen der Mietparteien nicht an den Klingeln. Man liest nur die Angabe des Stockwerks wie ***4º 1ª (cuarto piso, primera puerta)*** vierter Stock, erste Tür oder ***4º dcha./izda. (cuarto piso derecha/izquierda)*** vierter Stock rechts/links.

apartamento *m*
Quiero alquilar para el verano un **apartamento** en la sierra.

Appartement *n*
Für den Sommer will ich ein Appartement in den Bergen mieten.

habitación *f syn:* cuarto ⚠
pl ***las habitaciones***
El piso de Alicia tiene dos **habitaciones**.

Zimmer *n*
Alicias Wohnung hat zwei Zimmer.

ⓘ In einigen Ländern Lateinamerikas sagt man auch ***la pieza***.

sala de estar *f*
Necesito un sofá para la **sala de estar**.

Wohnzimmer *n*
Ich brauche ein Sofa für das Wohnzimmer.

dormitorio *m*
Mi **dormitorio** es pequeño, pero muy luminoso.

Schlafzimmer *n*
Mein Schlafzimmer ist klein, aber sehr hell.

cocina *f*
No me gusta la **cocina** de Raquel, porque no tiene ventanas.

Küche *f*
Die Küche von Raquel gefällt mir nicht, weil sie kein Fenster hat.

baño *m*
¿Puedo utilizar un momento tu **baño**?

Bad(ezimmer) *n*
Kann ich dein Badezimmer kurz benutzen?

ⓘ Man kann für das Badezimmer auch ***el cuarto de baño*** sagen.

lavabo *m*
¡Qué **lavabo** tan pequeño! No puede uno ni lavarse.

Waschbecken *n;* **Toilette** *f*
So ein kleines Waschbecken! Man kann sich nicht einmal waschen.

váter *m*
Si tienes prisa, puedes utilizar el otro **váter**.

Toilette *f*
Wenn du es eilig hast, kannst du die andere Toilette benutzen.

ⓘ ***Váter*** wird etwa wie „bater" ausgesprochen. Dabei wird die erste Silbe betont. Man kann auch ***el WC*** sagen.

comedor *m*
¡Pasad al **comedor**! La mesa está puesta.

Esszimmer *n*
Kommt ins Esszimmer! Der Tisch ist gedeckt.

pasillo *m*
Puedes colgar el abrigo en el **pasillo**.

Gang *m*
Du kannst deinen Mantel im Gang aufhängen.

pared *f*
Queremos pintar cada **pared** de un color distinto.

Wand *f*
Wir wollen jede Wand in einer anderen Farbe streichen.

suelo *m*
¿Dónde pongo la caja?
– Déjala en el **suelo**.

Fußboden *m*
Wo soll ich die Kiste hinstellen? – Lass sie einfach auf dem Fußboden stehen.

ⓘ In Lateinamerika sagt man auch ***el piso***.

ventana *f*
Voy a cerrar la **ventana**. Hay mucho ruido afuera.

Fenster *n*
Ich mache das Fenster zu. Draußen ist es sehr laut.

puerta *f*
No abras la **puerta** a desconocidos.

Tür *f*
Öffne Fremden nicht die Tür.

entrada *f*
Me gustaría comprar una cómoda para la **entrada**.

Flur *m*, **Eingang** *m*
Ich möchte eine Kommode für den Flur kaufen.

salida *f*
¿Dónde está la **salida** de socorro?

Ausgang *m*
Wo ist der Notausgang?

escalera *f*
No funciona el ascensor. Hay que subir por la **escalera**.

Treppe *f*
Der Fahrstuhl funktioniert nicht. Man muss die Treppe nehmen.

ascensor *m*
El **ascensor** sólo va al 4º piso.

Fahrstuhl *m*
Der Fahrstuhl fährt nur bis zum 4. Stock.

jardín *m* ⚠ *pl* ***los jardines***
Tenemos un **jardín** detrás de la casa.

Garten *m*
Hinter dem Haus haben wir einen Garten.

terraza *f*
Me encanta tomar el sol en la **terraza**.

Balkon *m*; **Terrasse** *f*
Ich liebe es, mich auf dem Balkon zu sonnen.

balcón *m* ⚠ *pl* ***los balcones***
Los edificios antiguos de Madrid suelen tener **balcones**.

kleiner Balkon
Die alten Gebäude von Madrid haben fast immer Balkone.

garaje *m*
¿Me das la llave del **garaje**? He perdido la mía.

Garage *f*; **Parkhaus** *n*
Kannst du mir den Garagenschlüssel geben? Ich habe meinen verloren.

ⓘ Heute kann man auch ***el parking*** sagen.

calefacción *f*
Voy a poner la **calefacción**. Hace fresco.

Heizung *f*
Ich schalte die Heizung an. Es ist frisch.

mueble *m*
En casa tenemos unos **muebles** muy antiguos de mis abuelos.

Möbel *n*
Zu Hause haben wir ein paar sehr alte Möbel von meinen Großeltern.

mesa *f*
En el centro del **comedor** pondremos la mesa.

Tisch *m*
In die Mitte des Esszimmers werden wir den Tisch stellen.

silla *f*
¿Está libre esta **silla**?

Stuhl *m*
Ist dieser Stuhl frei?

cama *f*
La habitación del hotel era tan pequeña que casi no cabía la **cama**.

Bett *n*
Das Hotelzimmer war so klein, dass das Bett fast keinen Platz hatte.

armario *m*
Cuelga tu ropa en el **armario**, por favor.

Schrank *m*
Häng bitte deine Kleidung in den Schrank.

sillón *m*
Vamos a comprar otro **sillón**.

Sessel *m*
Wir werden noch einen Sessel kaufen.

cómodo, a *adj syn:* confortable
Siéntate en el sillón. Es muy **cómodo**.

bequem
Setz dich auf den Sessel. Er ist sehr bequem.

---

cosa *f*
Es una **cosa** importante.
¡Recoge todas las **cosas** de encima de la mesa!

Sache *f*
Das ist eine wichtige Sache.
Räum alles weg, was auf dem Tisch liegt!

objeto *m*
¿Qué es un ovni? – Un **objeto** volador no identificado.
¿Dónde está la oficina de **objetos** perdidos?

Gegenstand *m*
Was ist ein Ufo? – Ein nicht identifiziertes Flugobjekt.
Wo ist das Fundbüro?

caja *f*
He metido las fotos de Sudamérica en esa **caja**.

Schachtel *f*; **Kiste** *f*
Ich habe die Fotos von Südamerika in diese Schachtel getan.

bolso *m*	**Tasche** (für Damen) *f*
Este **bolso** blanco iría muy bien con mis zapatos blancos.	Diese weiße Tasche würde sehr gut zu meinen weißen Schuhen passen.
llave *f*	**Schlüssel** *m*
Nunca sé dónde dejo las **llaves** del coche.	Ich weiß nie, wo ich die Autoschlüssel hingelegt habe.
juguete *m*	**Spielzeug** *n*
A Luisito le han traído los Reyes Magos muchos **juguetes**.	Die Heiligen Drei Könige haben Luisito viel Spielzeug gebracht.

---

limpiar *v*	**sauber machen, putzen, wischen**
¿Puedes **limpiar** el suelo de la cocina y el baño, por favor?	Kannst du bitte den Boden in der Küche wischen und das Bad putzen?
limpio, a *adj syn:* sucio	**sauber**
¡Qué **limpias** están ahora las ventanas!	Wie sauber die Fenster jetzt sind!
ensuciarse *v*	**schmutzig werden**
¿Dónde has estado que **te has ensuciado** así?	Wo hast du dich so schmutzig gemacht?
sucio, a *adj opp:* limpio	**schmutzig**
Tienes las manos **sucias**. Lávatelas.	Du hast schmutzige Hände. Wasch sie dir!
lavar *v*	**waschen**
He lavado estos pantalones tres veces y todavía no han salido las manchas.	Ich habe diese Hose dreimal gewaschen, und die Flecken sind noch nicht rausgegangen.
mancha *f*	**Fleck** *m*
Pon otro mantel en la mesa. Éste tiene **manchas**.	Leck eine andere Tischdecke auf den Tisch. Diese hier hat Flecken.

KLEIDUNG UND SCHMUCK

ropa *f* — **Kleidung** *f*
En esta tienda tienen una **ropa** muy bonita. — In diesem Geschäft gibt es sehr schöne Kleidung.

joya *f* — **Schmuckstück** *f*
He guardado las **joyas** en la caja fuerte del hotel. — Ich habe meinen Schmuck zur Aufbewahrung in den Hotelsafe gebracht.

ⓘ Im Singular bedeutet ***joya*** Schmuckstück, ***las joyas*** bedeutet der Schmuck.

moderno, a *adj* — **modisch, modern**
¡Qué gafas tan **modernas** llevas! — Du trägst eine sehr modische Brille!

ⓘ Einige Substantive werden immer im Plural verwendet, auch wenn sie nur einen Gegenstand bezeichnen: ***las gafas*** die Brille, ***las tijeras*** die Schere, ***los pantalones*** die Hose. Immer mehr hört man aber die Singularformen ***la tijera*** und ***el pantalón***.

clásico, a *adj* — **konventionell, klassisch**
Antonia lleva siempre una ropa muy **clásica**. — Antonia trägt immer sehr klassische Kleidung.

nuevo, a *adj* — **neu**
Me he comprado un reloj **nuevo**. — Ich habe mir eine neue Uhr gekauft.

llevar *v* — **tragen; nehmen**
No me gusta llevar **joyas**. — Ich trage nicht gern Schmuck.

vestirse *v* ⚠ *irr* 21 — **sich anziehen**
¿Te **has vestido** ya? — Bist du schon angezogen?

ponerse *v* ⚠ *irr* 25 — **(sich) anziehen**
No sé qué **ponerme** para la fiesta de Dolores. — Ich weiß nicht, was ich für Dolores' Fest anziehen soll.

desnudarse *v* — **sich ausziehen**
Llegué a casa, **me desnudé** y me di una ducha. Luego me sentía mejor. — Ich bin nach Hause gekommen, habe mich ausgezogen und habe mich geduscht. Danach fühlte ich mich besser.

quitarse *v*
No quiero **quitarme** el jersey. Tengo frío.

(sich) ausziehen
Ich will den Pullover nicht ausziehen. Mir ist kalt.

vestido *m*
Federico me ha regalado un **vestido** largo muy elegante.

Kleid *n*
Federico hat mir ein sehr elegantes, langes Kleid geschenkt.

traje *m*
El **traje** gris te queda muy bien.

Anzug *m*
Der graue Anzug steht dir sehr gut.

pantalón *m* ⚠ *pl* ***los pantalones***
Como soy bajita, todos los **pantalones** me quedan demasiado largos.

Hose *f*
Weil ich nicht so groß bin, sind mir alle Hosen zu lang.

jersey *m* ⚠ *pl* ***los jerseys***
En invierno llevo siempre **jerseys** de lana.

Pullover *m*
Im Winter trage ich immer Wollpullover.

ⓘ ***Jersey*** wird [xer'sei] ausgesprochen. In manchen Ländern Lateinamerikas sagt man auch ***el pulóver*** oder ***el suéter***.

falda *f*
Las **faldas** estrechas son poco prácticas.

Rock *m*
Enge Röcke sind nicht so praktisch.

blusa *f*
¿Qué **blusa** te gusta más?, ¿la blanca o la azul?

Bluse *f*
Welche Bluse gefällt dir am besten? Die weiße oder die blaue?

camisa *f*
Rafael lleva siempre **camisa** y corbata en el trabajo.

Hemd *n*
Rafael trägt in der Arbeit immer Hemd und Krawatte.

camiseta *f*
Mira, te he traído una **camiseta** de Alicante.

T-Shirt *n*
Schau mal, ich habe dir ein T-Shirt aus Alicante mitgebracht.

abrigo *m*
Hoy me pongo el **abrigo**. Hace mucho frío.

Mantel *m*
Heute ziehe ich den Mantel an. Es ist sehr kalt.

chaqueta *f*
Voy a ponerme la **chaqueta** para ir a la reunión.

Blazer *m*; **Sakko** *m*; **Jackett** *n*,
Ich werde für die Besprechung den Blazer anziehen.

zapato *m*
Yo siempre me compro los **zapatos** en España.

Schuh *m*
Ich kaufe meine Schuhe immer in Spanien.

calcetín *m* ⚠ *pl* ***los calcetines***
¿Me prestas unos **calcetines**? Tengo frío.

Socke *f*
Kannst du mir ein Paar Socken ausleihen? Ich habe kalte Füße.

ⓘ In einigen Ländern Lateinamerikas sagt man auch ***la media***, was in Spanien „Strumpf" bedeutet.

reloj *m*
Llevas un **reloj** muy bonito. ¿Te lo han regalado?

Uhr *f*
Du trägst eine sehr schöne Uhr. Hast du sie geschenkt bekommen?

ARBEITSWELT

fábrica *f*
Han cerrado la **fábrica** de alfombras que había aquí.

Fabrik *f*
Man hat die Teppichfabrik geschlossen, die es hier gab.

fabricar *v* ⚠ ***fabrique, fabriqué***
¿Me puedes explicar cómo se **fabrica** una lavadora?

herstellen
Kannst du mir erklären, wie Waschmaschinen hergestellt werden?

ⓘ Im Spanischen kann das Passiv mit ***se*** und der 3. Person ausgedrückt werden. Die Möglichkeit, das Passiv mit ***ser*** und Partizip auszudrücken, wird selten benützt.

herramienta *f*
Si quieres te presto mis **herramientas** para arreglar el coche.

Werkzeug *n*
Wenn du willst, leihe ich dir mein Werkzeug, um das Auto zu reparieren.

reparación *f* ⚠ *pl* ***las reparaciones***
La **reparación** de la moto nos ha costado mucho.

Reparatur *f*
Die Motorradreparatur hat uns viel Geld gekostet.

industria *f*
En esta ciudad hay muchas **industrias** textiles.

Industrie *f*
In dieser Stadt gibt es viel Textilindustrie.

---

negocio *m*
Tenemos un **negocio** de exportación.
Comprar un piso aquí puede ser un buen **negocio**.

Geschäft *n*
Wir haben ein Exportgeschäft.
Hier eine Wohnung zu kaufen kann ein gutes Geschäft sein.

empresa *f*
Mi hermana trabaja en una **empresa** alemana.

Firma *f*
Meine Schwester arbeitet in einer deutschen Firma.

puesto de trabajo *m*
El director ha prometido nuevos **puestos de trabajo**.

Arbeitsplatz *m*
Der Direktor hat neue Arbeitsplätze versprochen.

empleado *m*, **empleada** *f*
¿Es usted un **empleado**? – No, soy funcionario.

Angestelle(r) *f(m)*
Sind Sie Angestellter? – Nein, ich bin Beamter.

parado *m*, **parada** *f*
En algunas ciudades españolas hay todavía un 15 % de **parados**.

Arbeitslose(r) *f(m)*
In manchen spanischen Städten gibt es noch 15 % Arbeitslose.

jubilado *m*, **jubilada** *f*
Desde que mis padres están **jubilados** les veo más a menudo.

Rentner(in) *m(f)*
Seitdem meine Eltern Rentner sind, sehe ich sie öfter.

paro *m syn:* desempleo
Estoy en **paro** desde hace dos años.

Arbeitslosigkeit *f*
Ich bin seit zwei Jahren arbeitslos.

salario *m*
El **salario** no es muy alto, pero tengo un puesto fijo.

Lohn *m*
Der Lohn ist nicht sehr hoch, aber ich habe eine feste Stelle.

sueldo *m*
Le he pedido a mi jefe un aumento de **sueldo**.

Gehalt *n*
Ich habe meinen Chef um eine Gehaltserhöhung gebeten.

oferta *f opp:* demanda
Este domingo no había ninguna **oferta** de trabajo interesante en el periódico.

Angebot *n*
Diesen Sonntag gab es keine interessanten Stellenangebote in der Zeitung.

In Spanien stehen die Stellenangebote nicht samstags, sondern sonntags in der Zeitung.

pedido *m*
Hemos recibido su **pedido** de libros. Se los mandaremos lo antes posible.

Bestellung *f*
Wir haben Ihre Buchbestellung erhalten. Wir werden Ihnen die Bücher so bald wie möglich schicken.

venta *f opp:* compra
La casa está en **venta**.

Verkauf *m*
Das Haus steht zum Verkauf.

---

tienda *f*
Voy a entrar un momento en esa **tienda**. Necesito azúcar.

Geschäft *n*, **Laden** *m*
Ich gehe kurz in dieses Geschäft. Ich brauche Zucker.

grandes almacenes *m pl*
Han abierto unos **grandes almacenes** en la plaza.

Kaufhaus *n*
Auf dem Platz wurde ein Kaufhaus eröffnet.

comprar *v opp:* vender
No **compres** ese coche. He leído que no es del todo seguro.

kaufen
Kauf dir dieses Auto nicht. Ich habe gelesen, dass es nicht ganz sicher ist.

vender *v opp:* comprar
Lo **vendieron** todo y se fueron a Argentina.

verkaufen
Sie haben alles verkauft und sind nach Argentinien ausgewandert.

vendedor *m*, **vendedora** *f*
En nuestra empresa necesitamos un **vendedor** con experiencia.

Verkäufer(in) *m(f)*
In unserer Firma brauchen wir einen Verkäufer mit Erfahrung.

cliente *m, f*
Esta tienda tiene siempre muchos **clientes**.

Kunde, Kundin *m, f*
Dieses Geschäft hat immer viele Kunden.

Man kann auch ***la clienta*** sagen.

GELD

dinero *m*
¿Llevas tú **dinero**? ¿O sacamos algo del cajero?

Geld(stück) *n*
Hast du Geld dabei? Oder sollen wir am Geldautomaten welches holen?

ⓘ In manchen Ländern Lateinamerikas auch ***la plata***.

euro *m*
El **euro** es la nueva moneda de muchos países europeos.

Euro *m*
Der Euro ist die neue Währung in vielen europäischen Ländern.

costar *v syn:* valer ⚠ *irr* 7
¿Cuánto **cuestan** las postales?

kosten
Wie viel kosten die Postkarten?

pagar *v opp:* cobrar ⚠ ***pague, pagué***
¿Va a **pagar** en efectivo o con tarjeta?

zahlen
Zahlen Sie bar oder mit Karte?

precio *m*
En enero suelen subir los **precios**.

Preis *m*
In Januar steigen die Preise gewöhnlich.

caro, a *adj opp:* barato
Esta camisa es demasiado **cara**. No me la llevo.

teuer
Dieses Hemd ist zu teuer. Ich nehme es nicht mit.

barato, a *adj opp:* caro
¿Conoces un hotel **barato** en Madrid?

billig → caro
Kennst du ein billiges Hotel in Madrid?

ganar *v*
El año que viene **ganaré** algo más.

verdienen
Nächstes Jahr werde ich etwas mehr verdienen.

gastar *v*
Hemos gastado todos nuestros ahorros en el coche nuevo.

ausgeben
Wir haben alle unsere Ersparnisse für das neue Auto ausgegeben.

ahorrar *v*
Con el dinero que **hemos ahorrado** iremos este año de vacaciones al Caribe.

sparen
Mit dem Geld, das wir gespart haben, werden wir dieses Jahr in der Karibik Urlaub machen.

alquilar *v*
Queremos **alquilar** un apartamento en la playa.
¿Vais a vender el piso o lo **alquiláis**?

mieten; vermieten
Wir wollen ein Appartement am Strand mieten.
Wollt ihr die Wohnung verkaufen oder vermietet ihr sie?

alquiler *m*
¿Cuánto pagas de **alquiler**?

Miete *f*
Wie viel Miete zahlst du?

impuesto *m*
Este semana tengo que hacer la declaración de **impuestos**.

Steuer *f*
Diese Woche muss ich meine Steuererklärung machen.

cuenta *f*
¿Me puede decir el número de su **cuenta**?

Konto *n*
Können Sie mir Ihr Kontonummer geben?

deber *v*
Creo que te **debo** dinero, pero no sé cuánto.

schulden
Ich glaube, ich schulde dir Geld, ich weiß aber nicht wie viel.

banco *m*
Hoy en día no es necesario ir al **banco** para hacer una transferencia.

Bank *f*
Heutzutage muss man nicht mehr auf die Bank gehen, um eine Überweisung zu tätigen.

ÄMTER UND BEHÖRDEN

despacho *m*
Vamos a mi **despacho**. Allí podemos hablar del asunto.

Büro *n*
Gehen wir in mein Büro. Da können wir über die Angelegenheit reden.

oficina *f*
¿Me puede decir dónde está la **oficina** de turismo?

Amt *n;* **Büro** *n*
Können Sie mir sagen, wo das Fremdverkehrsamt ist?

departamento *m*
En mi empresa hay cuatro **departamentos**.

Abteilung *f*
In meiner Firma gibt es vier Abteilungen.

personal *m*
En nuestra empresa contamos con un **personal** muy cualificado.

Personal *n*
In unserer Firma zählen wir auf unser qualifiziertes Personal.

firmar *v*
¿Puede usted **firmar** aquí, por favor?

unterschreiben
Können Sie bitte hier unterschreiben?

documento *m*
He traído los **documentos** requeridos en su escrito.

Dokument *n*, **Papier** *n*
Ich habe die Dokumente mitgebracht, die Sie in Ihrem Schreiben verlangen.

POST UND FERNMELDEWESEN

oficina de correos *f*
¿Dónde está la **oficina de correos** más próxima?

Postamt *n*
Wo ist das nächste Postamt?

ⓘ Steht ***correos*** allein, kommt davor kein Artikel: ***Voy a correos.*** Ich gehe zur Post. ***Allí está correos.*** Da ist die Post.

cartero *m*, **cartera** *f*
¿Ha venido ya el **cartero**?

Briefträger(in) *m(f)*
Ist der Briefträger da gewesen?

correo *m*
El **correo** se recoge a las tres de la tarde.

Post *f*
Die Post geht um 15 Uhr raus.

carta *f*
Gracias por tu **carta**. Me llegó la semana pasada.

Brief *m*
Danke für deinen Brief. Ich habe ihn letzte Woche bekommen.

postal *f*
Voy a comprar unas **postales** en ese quiosco.

Postkarte *f*
Ich gehe mal schnell ein paar Postkarten an diesem Kiosk kaufen.

ⓘ Auch ***la tarjeta postal***.

sobre *m*
¿Tienes **sobres**? Es que he escrito unas cartas, pero no tengo **sobres**.

Briefumschlag *m*
Hast du Briefumschläge? Ich habe nämlich ein paar Briefe geschrieben, aber ich habe keinen Briefumschlag.

sello *m*
Quería dos **sellos** para Alemania, por favor.

Briefmarke *f*
Ich möchte bitte zwei Briefmarken für Deutschland.

In einigen Ländern Lateinamerikas sagt man ***la estampilla***.

paquete *m*
Tengo que ir a correos para mandar este **paquete** a mi hermana.

Paket *n*
Ich muss zur Post gehen, um meiner Schwester dieses Paket zu schicken.

---

teléfono *m*
¿Me puede dar su número de **teléfono**?

Telefon *n*
Können Sie mir Ihre Telefonnummer geben?

(teléfono) móvil *m*
Llámame al **móvil**. Mi número es ...

Mobiltelefon *n*, **Handy** *n*
Ruf mich auf meinem Handy an. Meine Nummer ist ...

llamar *v*
Llámame siempre que quieras.

anrufen
Ruf mich an, wann du immer willst.

llamada *f*
Esta mañana, el teléfono estaba estropeado y no podíamos recibir **llamadas**.

Anruf *m*
Heute Vormittag war das Telefon kaputt, und wir konnten keinen Anruf bekommen.

cabina telefónica *f*
Esta **cabina telefónica** funciona sólo con tarjetas.

Telefonzelle *f*
Diese Telefonzelle funktioniert nur mit Telefonkarten.

contestador automático *m*
¡Qué raro! No tengo ningún mensaje en el **contestador automático.**

Anrufbeantworter *m*
Seltsam! Ich habe keine Nachricht auf meinem Anrufbeantworter.

mensaje *m*
Deje su **mensaje** después de la señal.

Nachricht *f*
Hinterlassen Sie bitte Ihre Nachricht nach dem Signalton.

fax *m*
Puede enviarme la confirmación de su reserva por **fax**.

Fax *n*
Sie können mir die Bestätigung Ihrer Reservierung per Fax schicken.

RECHTSWESEN

ley *f*
Ha entrado en vigor la nueva **ley** contra la droga.

Gesetz *n*
Das neue Gesetz gegen Drogen ist in Kraft getreten.

legal *adj opp:* ilegal
No sé si es **legal** lo que haces.

legal
Ich weiß nicht, ob es legal ist, was du tust.

policía *f*
Si sigue molestándome, llamaré a la **policía**.

Polizei *f*
Wenn Sie mich weiter belästigen, werde ich die Polizei rufen.

(i) Polizist(in) heißt ***el/la policía*** oder ***el/la agente (de policía)***.

comisaría (de policía) *f*
Tenemos que denunciar el robo en la **comisaría**.

Polizeirevier *n*
Wir müssen den Diebstahl auf dem Polizeirevier anzeigen.

abogado *m*, **abogada** *f*
Sólo hablaré en presencia de mi **abogado**.

Anwalt, Anwältin *m, f* → ministro (i) S. 82
Ich werde nur in Anwesenheit meines Anwalts sprechen.

cárcel *f syn:* prisión
Aunque era inocente, pasó dos años en la **cárcel**.

Gefängnis *n*
Obwohl er unschuldig war, verbrachte er zwei Jahre im Gefängnis.

---

robar *v*
Alguien entró por la ventana y me **robó** las joyas.

stehlen
Jemand ist durchs Fenster in die Wohnung eingedrungen und hat mir meinen Schmuck gestohlen.

ilegal *adj opp:* legal
La venta de armas sin permiso es **ilegal**.

illegal
Der Verkauf von Waffen ohne Genehmigung ist illegal.

delincuencia *f*
La **delincuencia** juvenil ha aumentado en las grandes ciudades.

Kriminalität *f*
Die Jugendkriminalität ist in den großen Städten gestiegen.

ladrón *m*, **ladrona** *f* ⚠ *pl* ***los ladrones*** — **Einbrecher(in)** *m(f)*; **Dieb(in)** *m(f)*

No tenemos ninguna pista del **ladrón**. — Wir haben keine Spur vom Einbrecher.

disparar *v* — **schießen**

El ladrón llevaba una pistola y **disparó**. — Der Einbrecher hatte eine Pistole dabei und hat geschossen.

matar *v* — **töten**

Dos chicos **han matado** a otro en una pelea. — Zwei Jugendliche haben einen anderen bei einer Schlägerei getötet.

asesinar *v* — **ermorden**

Han asesinado a un policía en la plaza. — Ein Polizist ist auf dem Platz ermordet worden.

asesino *m*, **asesina** *f* — **Mörder(in)** *m(f)*

El **asesino** pudo huir en un coche robado. — Der Mörder konnte in einem gestohlenem Auto fliehen.

ARZT UND KRANKENHAUS

hospital *m* — **Krankenhaus** *n*

Lo mejor es ir al **hospital**. Allí te atenderán mejor. — Am besten gehst du ins Krankenhaus. Da wirst du besser behandelt.

médico *m, f* — **Arzt, Ärztin** *m, f*

Llama a un **médico**. Me encuentro muy mal. — Ruf einen Arzt. Mir geht es sehr schlecht.

ⓘ Die weibliche Form ***la médica*** ist ungebräuchlich.

dentista *m, f* — **Zahnarzt, Zahnärztin** *m, f*

→ periodista, ⓘ S. 52

No me gusta ir al **dentista**. — Ich gehe nicht gern zum Zahnarzt.

enfermero *m*, **enfermera** *f* — **Krankenpfleger, Krankenschwester** *m, f*

Los **enfermeros** de este hospital son muy amables. — Die Krankenpfleger in diesem Krankenhaus sind sehr nett.

paciente *m, f* — **Patient(in)** *m(f)*
El **paciente** se encuentra mejor y podrá salir mañana. — Der Patient fühlt sich besser und kann morgen entlassen werden.

medicina *m* — **Medikament** *n*
Cómprame por favor esta **medicina** en la farmacia. — Kauf mir bitte dieses Medikament in der Apotheke.

pastilla *f syn:* píldora — **Tablette** *f*
Tómese las **pastillas** después de comer. — Nehmen Sie die Tabletten nach dem Essen.

SCHULE UND UNIVERSITÄT

colegio *m* — **Schule** *f*
Mi hija no ha podido ir al **colegio** porque estaba enferma. — Meine Tochter konnte nicht in die Schule gehen, weil sie krank war.

ⓘ In Spanien werden Kinder mit 6 eingeschult. Die Grundschule ***la primaria*** dauert sechs Jahre. Danach wechseln alle Schüler in eine weiterführende Schule, die für vier Jahre Pflicht ist. Im Anschluss daran können Schüler zwei Jahre lang die gymnasiale Oberstufe besuchen, die im 12. Schuljahr mit dem Abitur abschließt.

instituto *m* — **Gymnasium** *n*
Mis nuevos compañeros del **instituto** son muy simpáticos. — Meine neuen Mitschüler im Gymnasium sind sehr sympathisch.

universidad *f* — **Universität** *f*
¿Vas a ir a la **universidad** cuando termines el instituto? — Wirst du zur Uni gehen, wenn du das Gymnasium beendet hast?

carrera *f*, **estudios** *mpl* — **Studium** *n*
Quiero terminar la **carrera** lo antes posible para empezar a trabajar. — Ich will das Studium so bald wie möglich beenden, um anzufangen zu arbeiten.

maestro *m*, **maestra** *f* — **Lehrer(in)** *m(f)*
María quiere ser **maestra**. Tiene verdadera vacación. — María will Grundschullehrerin werden. Das ist wirklich ihre Berufung.

ⓘ Meistens nur „Grundschullehrer(in)".

profesor *m*, **profesora** *f* — **Lehrer(in)** *m(f) (an Realschule und Gymnasium);* **Professor(in)** *m(f)*

Hoy no viene el **profesor** Jiménez. Yo le voy a sustituir. — Heute kommt Herr Jiménez nicht. Ich werde ihn vertreten.

alumno *m*, **alumna** *f* — **Schüler(in)** *m(f)*

Somos veinticinco **alumnos** en clase. — In meiner Klasse sind wir 25 Schüler.

estudiante *m, f* — **Schüler(in)** *m(f);* **Student(in)** *m(f)*

Unos **estudiantes** han organizado un grupo de teatro universitario. — Ein paar Studenten haben an der Uni eine Theatergruppe organisiert.

clase *f* — **Unterricht(stunde)** *m;* **Klasse** *f;* **(Unterrichts)Zimmer** *n*

Tengo **clase** de español a las seis de la tarde. — Ich habe um 18 Uhr Spanischunterricht.

¿En qué **clase** tenéis el seminario? – En la 12, en el primer piso. — In welchem Zimmer habt ihr das Seminar? – Im Zimmer 12, im 1. Stock.

asignatura *f* — **Fach** *n*

¿Qué **asignatura** optativa has elegido? — Welches Wahlfach hast du gewählt?

horario *m* — **Stundenplan** *m*

El horario oficial de los **colegios** españoles es de 9 a 17. — Der offizielle Stundenplan der spanischen Schulen geht von 9 bis 17 Uhr.

lección *f* ⚠ *pl* ***las lecciones*** — **Lektion** *f*

¿Podemos corregir los ejercicios de la **lección** 5? — Können wir die Übungen der Lektion 5 korrigieren?

curso *m* — **Kurs** *m;* **Klasse** *f*

Quiero hacer un **curso** de español en verano. — Im Sommer will ich einen Spanischkurs machen.

examen *m syn:* prueba — **Prüfung** *f*

He sacado un 5 en el **examen** de Matemáticas. ¡He aprobado! — Ich habe eine 5 in der Mathematikprüfung. Ich habe bestanden!

ⓘ In Spanien geht die Benotung von 0 (schlechteste Wertung) bis 10 (beste Wertung). Mit 5 besteht man eine Prüfung.

aprobar *v opp:* suspender ⚠ *irr* 7 — **bestehen**
¿Has aprobado el examen de latín? — Hast du die Lateinprüfung bestanden?

suspender *v opp:* aprobar — **durchfallen, nicht bestehen**
Tengo que repetir el examen porque he suspendido. — Ich muss die Prüfung wiederholen, weil ich durchgefallen bin.

ⓘ In Spanien kann man im Juni und im September Prüfungen wiederholen.

KUNST

arte *m* ⚠ *pl* ***las artes*** — **Kunst** *f*
En esta ciudad hay un museo de **arte** moderno. — In dieser Stadt gibt es ein Museum für moderne Kunst.

ⓘ Im Plural wird ***arte*** fast ausschließlich mit dem weiblichen Artikel und Adjektiv gebraucht: ***las Bellas Artes***.

cuadro *m* — **Bild** *n*
¿Qué te parece este **cuadro** de Dalí? — Wie findest du dieses Bild von Dalí?

pintar *v* — **malen**
Picasso **pintó** *Guernica* para la Exposición Universal de París de 1937. — Picasso malte „Guernica“ für die Weltaustellung in Paris im Jahre 1937.

dibujar *v* — **zeichnen**
¿Puedes **dibujarme** la casa de tus sueños? — Kannst du mir dein Traumhaus zeichnen?

museo *m* — **Museum** *n*
Me gustaría visitar el nuevo **museo** Guggenheim de Bilbao. — Ich würde gerne das neue Guggenheim-Museum in Bilbao besuchen.

exposición *f* — **Ausstellung** *f*
La **exposición** sobre el surrealismo español me ha parecido muy interesante. — Die Ausstellung über den spanischen Surrealismus fand ich sehr interessant.

teatro *m*	**Theater** *n*
¿Te gusta el **teatro**? ¿O prefieres el cine?	Gehst du gern ins Theater? Oder gehst du lieber ins Kino?
cine *m*	**Kino** *n*
Mañana podemos ir al **cine** si te apetece.	Morgen können wir ins Kino gehen, wenn du Lust hast.
espectáculo *m*	**Vorführung** *f*; **Vorstellung** *f*
En ese bar hay un **espectáculo** de tangos a las 12 de la noche.	In diesem Cafe gibt es um 12 Uhr abends eine Tangovorführung.
obra de teatro *f*	**Theaterstück** *n*
Ya no quedaban entradas para la **obra de teatro** de Buero Vallejo.	Für das Theaterstück von Buero Vallejo gab es keine Karten mehr.
película *f*	**Film** *m*
¿Has visto ya la última **película** de Pedro Almodóvar?	Hast du schon den letzten Film von Pedro Almodóvar gesehen?

ⓘ ***Película*** wird verwendet für den Spielfilm, den Film für die Filmkamera und die Videokassette. Der Film für den Fotoapparat heißt ***carrete.***

interpretar *v*	**darstellen, verkörpern; ausfüllen**
Ese actor **interpreta** muy bien su papel.	Dieser Schauspieler füllt seine Rolle sehr gut aus.
actuar *v* ⚠ *irr* 8	**auftreten, seinen Auftritt auf der Bühne haben**
Mañana **actúa** en el Festival de Teatro un grupo argentino.	Beim Theaterfestival tritt morgen eine argentinische Theatergruppe auf.
entrada *f*	**Eintritt** *m*; **(Eintritts)karte** *f*
¿Tienes ya las **entradas** para el concierto del domingo?	Hast du schon die Eintrittskarten für das Konzert am Sonntag?

---

música *f*	**Musik** *f*
Me gusta mucho escuchar **música** en el coche.	Ich höre gerne Musik im Auto.

concierto *m* — **Konzert** *n*
En verano se celebran en España muchos **conciertos** al aire libre. — Im Sommer finden in Spanien viele Open-Air-Konzerte statt.

grupo *m* — **Band** *f*, **Gruppe** *f*
Ese **grupo** nuevo de música celta tiene mucho éxito. — Diese neue Gruppe, die keltische Musik spielt, hat viel Erfolg.

tocar *v* ⚠ ***toque, toqué*** — **spielen**
¿Sabes **tocar** algún instrumento? — Kannst du ein Instrument spielen?

ⓘ Im Zusammenhang mit Musik und Instrumenten heißt „spielen" ***tocar***, ansonsten heißt es ***jugar***.

cantar *v* — **singen**
He empezado a **cantar** en el coro de la Universidad. — Ich habe angefangen, im Universitätschor zu singen.

canción *f* ⚠ *pl* ***las canciones*** — **Lied** *n*
Le he regalado a Fernando un compacto de **canciones** cubanas. — Ich habe Fernando eine CD mit kubanischen Liedern geschenkt.

KOMMUNIKATIONSMITTEL

periódico *m* — **Zeitung** *f*
¿Has comprado tú el **periódico** o lo compro yo? — Hast du die Zeitung schon gekauft oder soll ich sie kaufen?

televisión *f* — **Fernsehen** *n*
Deberíamos apagar la **tele** y hacer otra cosa. — Wir sollten das Fernsehen ausschalten und etwas anderes tun.

ⓘ ***La tele***, die Kurzform von ***televisión***, ist sehr gebräuchlich.

pantalla *f* — **Bildschirm** *m*
Las televiones modernas tienen unas **pantallas** muy grandes y planas. — Die neuen Fernseher haben sehr große und flache Bildschirme.

radio *f*
Oigo la **radio** todas las mañanas cuando me levanto.

Radio *n*
Wenn ich morgens aufstehe, höre ich Radio.

programa *m*
¡Este **programa** es imposible! ¿Por qué no buscas otra cosa?

Sendung *f*; **Programm** *n*
Diese Sendung ist unmöglich! Such mal was anderes!

ERHOLUNG UND FREIZEIT

vacaciones *f pl*
Este verano vamos a pasar las **vacaciones** en Galicia.

Ferien *pl;* **Urlaub** *m*
Dieses Jahr werden wir unseren Urlaub in Galicien verbringen.

descansar *v*
Cuando estoy de vacaciones me gusta **descansar** y no preocuparme por nada.

ausruhen
Wenn ich im Urlaub bin, will ich mich ausruhen und mich um nichts kümmern.

pausa *f*
A las diez haremos una **pausa** para tomar café.

Pause *f*
Um zehn werden wir eine Kaffeepause machen.

pasear *v*
He ido a **pasear** por el Retiro.

spazieren gehen
Ich bin im Retiropark spazieren gegangen.

paseo *m*
¿Damos un **paseo**?

Spaziergang *m*
Wollen wir einen Spaziergang machen?

---

jugar *v* ⚠ *irr* 18
Los domingos suelo **jugar** al fútbol con mis compañeros de trabajo.

spielen → tocar ⓘ S. 76
Sonntags spiele ich gewöhnlich Fußball mit meinen Arbeitskollegen.

juego *m*
¿Conoces algún **juego** de cartas español?

Spiel *n*
Kennst du irgendein spanisches Kartenspiel?

bailar *v*
Me encantaría ir a **bailar** esta noche.

tanzen
Ich würde heute Abend sehr gerne tanzen gehen.

baile *m* El cha-cha-chá y el mambo son **bailes** cubanos.	**Tanz** *m* Cha-cha-cha und Mambo sind kubanische Tänze.
cámara *f* He traído la **cámara**. ¿Os hago una foto?	**Kamera** *f;* **Fotoapparat** *n* Ich habe den Fotoapparat dabei. Soll ich euch fotografieren?
fotografía *f* ¡Venga!, enséñanos las **fotos** de tu boda, por favor.	**Fotografie** *f* Komm, zeig uns doch deine Hochzeitfotos.

ⓘ Die Kurzform für ***fotografía*** ist ***la foto***.

fotografiar *v* ⚠ *irr* 12 Me gustaría **fotografiar** esta puesta de sol.	**fotografieren** Ich würde diesen Sonnenuntergang gern fotografieren.
sacar fotos *v syn:* hacer fotos ⚠ ***saque, saqué*** En nuestro viaje a Andalucía **hemos sacado** doscientas **fotos**.	**Fotos machen** Auf unserer Reise nach Andalusien haben wir 200 Fotos gemacht.
carrete *m* No me quedan **carretes**. Tengo que comprar uno.	**Film** *m* → película, ⓘ S. 75 Ich habe keinen Film mehr. Ich muss einen kaufen.
televisor *m* Nos hemos comprado un **televisor** nuevo.	**Fernseher** *m* Wir haben uns einen neuen Fernseher gekauft.
disco *m* Tengo muchos **discos** de cantautores españoles.	**(Schall)platte** *f* Ich habe viele Schallplatten von spanischen Liedermachern.
(disco) compacto *m*, **compact** *m*, **cedé** *m* He traído de México unos **cedés** de música latina.	**CD** *f* Ich habe aus Mexiko ein paar CDs mit Latino-Musik mitgebracht.
casete *m/f* He grabado unos **casetes** de música clásica para oír en el coche cuando voy de viaje.	**Kassette** *f* Ich habe ein paar Kassetten mit klassischer Musik überspielt, um sie im Auto zu hören, wenn ich unterwegs bin.

disfrutar *v*
Los niños **han disfrutado** muchísimo el día en la playa.

genießen
Die Kinder haben den Tag am Strand sehr genossen.

favorito, a *adv syn:* preferido
Éste es nuestro restaurante **favorito**. ¡A ver si os gusta también a vosotros!

Lieblings-
Das ist unser Lieblingsrestaurant. Wir sind gespannt, wie es euch auch gefällt!

fumar *v*
No debes **fumar** tanto. Es perjudicial para la salud.

rauchen
Du solltest nicht so viel rauchen. Es ist sehr schädlich für die Gesundheit.

cigarrillo *m*
¿Te puedo coger un **cigarillo**?

Zigarette *f*
Kann ich eine Zigarette von dir haben?

ⓘ Der Zigarillo heißt auf Spanisch ***el purito***, wörtlich *die kleine Zigarre*.

divertirse *v*
Nos hemos divertido mucho en la fiesta de Julián.

sich amüsieren
Wir haben uns auf Julians Fest gut amüsiert.

pasár(se)lo bien *v*
¡**Pásatelo bien** en Madrid!

Spaß haben, sich gut unterhalten
Viel Spaß in Madrid!

entretenido, a *adj*
Este programa es muy **entretenido**. Lo veo siempre que puedo.

unterhaltsam
Diese Sendung ist sehr unterhaltsam. Ich sehe sie immer, wenn ich kann.

ambiente *m*
El **ambiente** de este restaurante es muy agradable.

Atmosphäre *f*, **Stimmung** *f*
Die Atmosphäre in diesem Restaurant ist sehr angenehm.

SPORT

deporte *m*
Si haces **deporte** te sentirás mejor.

Sport *m*
Wenn du Sport machst, wirst du dich besser fühlen.

gimnasia *f*
Hago **gimnasia** dos veces a la semana.

Gymnastik *f*
Ich mache zweimal in der Woche Gymnastik.

deportista *adj*
En mi familia somos todos muy **deportistas**.

sportlich
In meiner Familie sind wir alle sehr sportlich.

equipo *m*
Mañana jugamos contra el **equipo** de Villanueva.

Mannschaft *f*
Morgen spielen wir gegen die Mannschaft aus Villanueva.

fútbol *m*
Los sábados por la tarde veo siempre el **fútbol** en la televisión.

Fußball *m*
Samstag abends sehe ich immer Fußball im Fernsehen.

tenis *m*
He hecho un curso de **tenis**.

Tennis *n*
Ich habe Tennisstunden genommen.

baloncesto *m*
Cuando era joven, jugaba al **baloncesto**.

Basketball *m*
Als ich jung war, habe ich Basketball gespielt.

jugador *m*, **jugadora** *f*
¿Hay camisetas suficientes para todos los **jugadores**?

Spieler(in) *m(f)*
Gibt es genügend T-Shirts für alle Spieler?

pelota *f syn:* balón
Esta **pelota** es demasiado grande para jugar al tenis.

Ball *m*
Diese Ball ist zu groß, um damit Tennis spielen zu können.

entrenar *v*
Entrenamos los jueves y los sábados.

trainieren
Wir trainieren donnerstags und samstags.

partido *m*
Hemos perdido el **partido** por 2 a 0.

Spiel *n*
Wir haben das Spiel 2:0 verloren.

correr *v*
Estas zapatillas son especiales para **correr**.

(schnell) laufen
Diese Turnschuhe sind speziell zum Laufen.

STAATSWESEN

política *f*
El ministro hace una **política** muy poco social.

Politik *f*
Der Minister macht eine Politik, die nicht sehr sozial ist.

político *m*, **política** *f*
Los **políticos** más jóvenes quieren cambiar las estructuras del partido.

Politiker(in) *m(f)*
Die jüngsten Politiker wollen die Strukturen der Partei ändern.

político, a *adj*
Tienes unas ideas **políticas** muy originales.

politisch
Du hast sehr originelle politische Ideen.

constitución *f*
En diciembre de 1978 entró en vigor la **constitución** española.

Verfassung *f*
Im Dezember 1978 tratt die spanische Verfassung in Kraft.

país *m*
En la Península Ibérica hay cuatro **países**: Portugal, España, Andorra y Gibraltar.

Land *n*
Die Iberische Halbinsel umfasst vier Länder: Portugal, Spanien, Andorra und Gibraltar.

provincia *f*
España tiene cincuenta **provincias**.

Provinz *f*
Spanien hat 50 Provinzen.

comunidad autónoma *f*
Andalucía, Cataluña o el País Vasco son **comunidades autónomas** de España.

administrative regionale Unterteilung Spaniens
Andalusien, Katalonien oder das Baskenland sind Regionen Spaniens.

gobierno *m*
La sede del **gobierno** de Andalucía está en Sevilla.

Regierung *f*
Der Sitz der Regierung von Andalusien ist in Sevilla.

partido (político) *m*
Federico es miembro de un **partido** verde.

Partei *f*
Federico ist Mitglied einer grünen Partei.

rey *m*, **reina** *f* ⚠ *pl* ***los reyes***
El **rey** Juan Carlos tuvo una función importante en los primeros años de la democracia en España.

König(in) *m(f)*
Der König Juan Carlos hatte in den ersten Jahren der Demokratie in Spanien eine wichtige Funktion.

presidente *m*, **presidenta** *f* — **Ministerpräsident(in)** *m(f);* **Präsident(in)** *m(f)*

España no ha tenido todavía una **presidenta** del gobierno. — Spanien hatte noch keine Ministerpräsidentin.

ministro *m*, **ministra** *f* — **Minister(in)** *m(f)*

El **ministro** de Asuntos Exteriores ha viajado a Francia. — Der Außenminister ist nach Frankreich gereist.

ⓘ Bis vor kurzem hießen Ministerinnen noch Frau Minister ***la (mujer) ministro***. Mittlerweile hat sich jedoch die weibliche Form ***la ministra*** durchgesetzt.

alcalde *m*, **alcaldesa** *f* — **Bürgermeister(in)** *m(f)*

El **alcalde** ha inaugurado el nuevo hospital. — Der Bürgermeister hat das neue Krankenhaus eröffnet.

frontera *f* — **Grenze** *f*

En Europa hay cada vez menos **fronteras** entre los países. — In Europa gibt es immer weniger Grenzen zwischen den Ländern.

extranjero *m* — **Ausland** *n*

Después de terminar la carrera quiero trabajar en el **extranjero**. — Wenn ich mein Studium beendet habe, will ich im Ausland arbeiten.

extranjero, a *adj* — **ausländisch, fremd**

En esta zona se han instalado muchas empresas **extranjeras**. — Ich dieser Gegend haben sich viele ausländischen Firmen niedergelassen.

pueblo *m* — **Volk** *n*, **Bürger** *m,Pl*

El **pueblo** de Madrid financió la estatua de Carlos III. — Die Bürger von Madrid finanzierten die Statue von Carlos III.

estado *m* — **Staat** *m*

Esas empresas ya no pertenecen al **estado**. — Diese Firmen gehören nicht mehr dem Staat.

---

guerra *f opp:* paz — **Krieg** *m*

La **Guerra** Civil española duró tres años. — Der spanische Bürgerkrieg dauerte drei Jahre.

paz *f opp:* guerra — **Frieden** *m*

No en todos los países reina la **paz**. — Nicht in allen Ländern herrscht Frieden.

enemigo *m*
¿Tenía **enemigos** la víctima?

Feind *m*
Hatte das Opfer Feinde?

soldado *m*
Mi primo estuvo en Bosnia de **soldado**.

Soldat *m*
Mein Cousin war als Soldat in Bosnien.

ejército *m*
El año pasado el **ejército** ayudó a la población en las inundaciones.

Armee *f;* **Militär** *n*
Bei den Überschwemmungen im letzten Jahr half das Militär der Bevölkerung.

KIRCHE UND RELIGION

religión *f* ⚠ *pl* ***las religiones***
La constitución española acepta todas las **religiones**.

Religion *f*
Die spanische Verfassung akzeptiert alle Religionen.

iglesia *f*
En Latinoamérica la **Iglesia** apoya mucho a los más necesitados.

Kirche *f*
In Lateinamerika unterstützt die Kirche die Bedürftigen sehr.

ⓘ Wenn es sich um das Gebäude handelt, wird ***iglesia*** kleingeschrieben, die Institution wird großgeschrieben.

Dios *m*
En la cúpula de la iglesia se puede ver a **Dios** rodeado de ángeles.

Gott *m*
In der Kuppel der Kirche kann man Gott von Engeln umgeben sehen.

ⓘ Im Spanischen wird der christliche Gott großgeschrieben, während heidnische Götter wie z. B. ***los dioses griegos*** kleingeschrieben werden. Die weibliche Form lautet ***diosa***.

Navidad *f*
Me gusta celebrar la **Navidad** con mi familia.

Weihnachten *n*
Ich feiere Weihnachten gern mit meiner Familie.

santo *m*, **santa** *f*
En la iglesia de mi barrio hay una imagen de **San** Antonio.

Heilige(r) *f(m)*
In der Kirche meines Stadtviertels gibt es eine Heiligenfigur von San Antonio.

Vor fast allen männlichen Eigennamen wird ***Santo*** zu ***San***, wie z. B. bei ***San José***. Die weibliche Form lautet ***Santa***, wie in ***Santa María***. Die Abkürzungen hierzu sind: ***Sto.*** und ***Sta.***

ángel *m* — **Engel** *m*
¡Eres un **ángel**! — Du bist ein Engel!

DORF UND STADT

ciudad *f opp:* campo — **Stadt** *f*
El 77% de los españoles vive en **ciudades**. — 77% der Spanier wohnen in Städten.

capital *f* — **Hauptstadt** *f*
Barcelona es la **capital** de Cataluña. — Barcelona ist die Hauptstadt Kataloniens.

pueblo *m opp:* ciudad — **Dorf** *n*
Rosa vive en un **pueblo** cerca de Murcia. — Rosa wohnt in einem Dorf in der Nähe von Murcia.

campo *m opp:* ciudad — **Land** *n*
En el **campo** se vive mejor. — Auf dem Land lebt man besser.

edificio *m* — **Gebäude** *n*
Desde ese **edificio** se ve toda la ciudad. — Von diesem Gebäude aus sieht man die ganze Stadt.

plaza *f* — **Platz** *m*
Hoy hay un mercadillo en la **plaza**. — Heute ist Flohmarkt auf dem Platz.

carretera *f* — **Landstraße** *f*
En Semana Santa hay mucha circulación en las **carreteras**. — In der Karwoche ist auf den Landstraßen viel Verkehr.

calle *f* — **Straße** *f*
¿En qué **calle** vives? — In welcher Straße wohnst du?

Calle bezeichnet eine Straße in einem Ort mit Wohnhäusern und Geschäften, ***carretera*** eine Verbindungsstraße zwischen Orten oder Ortsteilen.

avenida *f* — **Allee** *f*
Buenos Aires tiene una de las **avenidas** más anchas del mundo: la Avenida 9 de julio. — Buenos Aires hat eine der breitesten Alleen der Welt: die „Avenida 9 de julio“.

puente *m*
Tenemos que cruzar el **puente** para llegar a la otra orilla.

Brücke *f*
Um an das andere Ufer zu gelangen, müssen wir die Brücke überqueren.

túnel *m*
Por este **túnel** llegaremos al otro lado de la montaña.

Tunnel *m*
Durch diesen Tunnel werden wir auf die andere Seite des Bergs gelangen.

barrio *m*
No quiero cambiarme a otro **barrio**. Me gusta mucho donde vivo ahora.

Stadtviertel *n*
Ich will nicht in ein anderes Stadtviertel ziehen. Wo ich jetzt wohne, gefällt es mir sehr.

parque *m*
He ido al **parque** con el niño.

Park *m*
Ich bin mit dem Kind in den Park gegangen.

LANDSCHAFT

paisaje *m*
Los olivos son característicos del **paisaje** andaluz.

Landschaft *f*
Die Olivenbäume sind charakteristisch für die andalusische Landschaft.

bosque *m*
En los Pirineos hay **bosques** de hayas y de pinos negros.

Wald *m*
In den Pyrenäen gibt es Buchen- und Kiefernwälder.

camino *m*
¿Ves ahí, entre esos árboles, el **camino**?

Weg *m*
Siehst du den Weg dort zwischen diesen Bäumen?

terreno *m*
En este **terreno** queremos construir la casa.

Boden *m;* **Grundstück** *n*
Auf diesem Grundstück wollen wir das Haus bauen.

montaña *f*
En Chile se encuentra una de las **montañas** más altas del mundo: el Aconcagua.

Berg *m;* **Gebirge** *n*
In Chile befindet sich einer der höchsten Berge der Welt: der Aconcagua.

costa *f*
¿Vais a ir a la **costa** o también a la montaña?

Küste *f*
Fahrt ihr nur an die Küste oder auch ins Gebirge?

playa *f* — **Strand** *m*
En Canarias hay **playas** de arena negra. — Auf den Kanaren gibt es Strände mit schwarzem Sand.

río *m* — **Fluss** *m*
Los niños han ido a pescar al **río**. — Die Kinder sind an den Fluss gegangen, um zu angeln.

lago *m* — **See** *m*
Si no podemos ir al mar, por lo menos podemos bañarnos en el **lago**. — Wenn wir schon nicht ans Meer fahren können, können wir wenigstens im See baden.

océano *m* — **Ozean** *m*
El agua del **océano** Atlántico está más fría que la del mar Mediterráneo. — Das Wasser des Atlantischen Ozeans ist kälter als das des Mittelmeeres.

mar *m* — **Meer** *n*
Quiero una habitación con vistas al **mar**. — Ich möchte ein Zimmer mit Meerblick.

ⓘ Für Seeleute ist das Meer auch ein weibliches, männerverschlingendes Wesen. Daher ist es auch möglich ***mar*** als Femininum zu benützen: ***La mar es mala mujer*** (Titel eines Buches).

isla *f* — **Insel** *f*
¿Qué te llevarías a una **isla** desierta? — Was würdest du auf eine einsame Insel mitnehmen?

península *f* — **Halbinsel** *f*
España está en la **península** Ibérica. — Spanien liegt auf der Iberischen Halbinsel.

NATUR

naturaleza *f* — **Natur** *f*
De niño vivíamos en el campo, en contacto directo con la **naturaleza**. — Als Kinder wohnten wir auf dem Land, im direkten Kontakt mit der Natur.

natural *adj opp:* artificial — **Natur-, natürlich, frisch**
→ débil ⓘ S. 19
Me gustan más las comidas **naturales** que las preparadas. — Frisches Essen schmeckt mir besser als Fertiggerichte.

luz *f opp:* oscuridad ⚠ *pl* ***las luces*** — **Licht** *n*

Mi piso tiene mucha **luz** porque está orientado al sur. — Meine Wohnung ist sehr hell (*wörtl.* hat viel Licht), weil sie nach Süden geht.

ⓘ Das Wort ***luz*** wird auch für künstliches Licht benützt, z. B.: ***Apaga la luz, por favor***. Mach bitte das Licht aus.

tierra *f* — **Erde** *f;* **(Erd)boden** *m*

Necesito **tierra** para mis plantas. — Ich brauche Erde für meine Pflanzen.

ⓘ Wenn ***tierra*** den Planeten bezeichnet, wird es, wie alle Himmelskörper im Spanischen, großgeschrieben: ***la Tierra.***

aire *m* — **Luft** *f*

Voy a abrir la ventana para que entre un poco de **aire**. — Ich mache das Fenster auf, damit ein bisschen Luft hereinkommt.

agua *m f* ⚠ *pl* ***las aguas*** — **Wasser** *n*

¿Me das un poco de **agua**? Es que tengo mucha sed. — Gibst du mir etwas Wasser? Ich bin nämlich sehr durstig.

hielo *m* — **Eis** *n* → helado S. 101

¿Quieres el güisqui con **hielo** o con agua? — Möchtest du den Whisky mit Eis oder mit Wasser?

ⓘ Nach den Regeln der spanischen Rechtschreibung werden im Spanischen häufig verwendete Fremdwörter überwiegend hispanisiert, z. B.: ***güisqui*** Whisky, ***cruasán*** Croissant, ***espagueti(s)*** Spaghetti.

fuego *m* — **Feuer** *n*

En muchos bosques está prohibido hacer **fuego** en verano. — In vielen Wäldern darf man im Sommer kein Feuer machen.

---

parque zoológico *m* — **Zoo** *m*

En los **parques zoológicos** modernos los animales tienen más espacio para moverse. — In den modernen Zoos haben die Tiere mehr Platz, um sich zu bewegen.

ⓘ Wie im Deutschen gibt es im Spanischen für den zoologischen Garten die Abkürzung ***el zoo*** oder man sagt nur ***el zoológico***.

animal *m*
Siempre he tenido **animales** en casa.

Tier *n*
Ich habe immer Tiere zu Hause gehabt.

pájaro *m*
Muchos **pájaros** del norte y del centro de Europa pasan el invierno en el sur de España.

Vogel *m*
Viele Vögel aus Nord- und Mitteleuropa verbringen den Winter in Südspanien.

pez *m* ⚠ *pl* ***los peces***
En el mar Rojo he visto muchos **peces** de colores.

Fisch *m*
Im Roten Meer habe ich viele bunte Fische gesehen.

ⓘ Das Wort ***pez*** steht für die Gattung, bezeichnet den lebenden Fisch im Wasser, während ***pescado*** den toten Fisch bezeichnet.

perro *m*, **perra** *f*
¡Ojo con el **perro**!

Hund *m;* **Hündin** *f*
Vorsicht! Bissiger Hund!

gato *m*, **gata** *f*
Tenemos dos **gatos** en el jardín.

Katze *f*
Wir haben zwei Katzen im Garten.

ⓘ Das Maskulinum bezeichnet das Tier allgemein und das Männchen im Speziellen, kann also auch mit „Kater" übersetzt werden. Das Femininum bezeichnet das weibliche Tier.

cerdo *m*, **cerda** *f*
El mejor jamón serrano proviene de **cerdos** negros.

Schwein *n;* **Sau** *f*
Der beste Serrano-Schinken kommt von schwarzen Schweinen.

vaca *f*
Cuando estuvimos en Asturias, vimos muchas **vacas**.

Kuh *f*
Als wir in Asturien waren, haben wir viele Kühe gesehen.

toro *m*
Los **toros** forman parte de la cultura española.

Stier *m*
Stiere gehören zur spanischen Kultur.

oveja *f*
Junto a la carretera hemos visto muchos rebaños de **ovejas**.

Schaf *n*
Neben der Landstraße haben wir viele Schafherden gesehen.

caballo *m* — **Pferd** *n;* **Hengst** *m*
En mi casa de campo tengo un **caballo**. — Auf dem Land habe ich ein Pferd.

ⓘ ***Caballo*** bezeichnet das Tier allgemein und den Hengst im Speziellen. Die Stute heißt ***la yegua***.

---

planta *f* — **Pflanze** *f*
Tengo muchas **plantas** en mi terraza. — Auf meinem Balkon habe ich viele Pflanzen.

árbol *m* — **Baum** *m*
Hemos plantado dos **árboles** delante de la casa. — Vor dem Haus haben wir zwei Bäume gepflanzt.

hoja *f* — **Blatt** *n*
¿Qué le pasa a esta planta? ¡Se le han caído muchas **hojas**! — Was ist mit dieser Pflanze los? Sie hat viele Blätter verloren!

flor *f* — **Blume** *f;* **Blüte** *f*
El naranjo tiene ya unas **flores** preciosas. — Der Orangenbaum hat schon wunderschöne Blüten.

hierba *f* — **Gras** *n,* **Rasen** *m*
¿No crees que habría que cortar la **hierba**? — Glaubst du nicht, dass wir den Rasen mähen sollten?

---

sol *m* — **Sonne** *f*
Hoy el **sol** quema mucho. ¡No olvides ponerte crema! — Heute brennt die Sonne sehr. Denk daran, dich einzucremen!
¡Qué día tan bonito! Hace mucho **sol**. — Was für ein schöner Tag heute! Es ist sehr sonnig.

cielo *m* — **Himmel** *m*
El **cielo** estaba cubierto de nubes. — Der Himmel war wolkenverhangen.

luna *f* — **Mond** *m*
La noche está muy clara. Hay **luna** llena. — Es ist eine sehr helle Nacht. Wir haben Vollmond.

estrella *f* — **Stern** *m*
Hoy se pueden ver muy bien las **estrellas**. — Heute kann man die Sterne sehr gut sehen.

norte *m* — **Norden** *m*
El **norte** de España es muy verde. — Der Norden Spaniens ist sehr grün.

ⓘ ***En el norte/sur/este/oeste*** heißt im Norden usw.; ***al norte*** etc. heißt nördlich.

sur *m* — **Süden** *m*
¡Ven al **sur**! Te gustará. — Komm in den Süden! Es wird dir gefallen!

este *m* — **Osten** *m*
Las islas Baleares están al **este** de España. — Die Balearen sind im Osten von Spanien.

oeste *m* — **Westen** *m*
En el **oeste** de la ciudad los pisos son más baratos. — Im Westen der Stadt sind die Wohnungen billiger.

ⓘ Die Kombinationen der Himmelsrichtungen sind: ***noreste, noroeste, sureste, suroeste***.

oriental *adj* — **östlich**
Hay muchas diferencias entre la Andalucía **oriental** y la occidental. — Es gibt große Unterschiede zwischen dem östlichen und dem westlichen Andalusien.

occidental *adj* — **westlich**
Los países **occidentales** son cada vez más parecidos. — Die westlichen Länder werden einander immer ähnlicher.

WETTER UND KLIMA

tiempo *m* — **Wetter** *n*
¿Qué **tiempo** hace hoy? — Wie ist das Wetter heute?

temperatura *f* — **Temperatur** *f*
Han bajado mucho las **temperaturas** estos últimos días. — Die Temperaturen sind in den letzten Tagen sehr gesunken.

frío *m* — **Kälte** *f*
Voy a poner la calefacción. Hace **frío**. — Ich werde die Heizung einschalten. Es ist kalt.

calor *m* — **Hitze** *f*
No soporto el **calor**. — Ich kann Hitze nicht vertragen.

llover *v* ⚠ *irr* 20 — **regnen**
¿Por qué **llueve** tanto en esta zona? — Warum regnet es in dieser Gegend so viel?

nevar *v* ⚠ *irr* 22
Ayer **nevó** todo el día y hoy las calles están cubiertas de nieve.

schneien
Gestern hat es den ganzen Tag geschneit und heute sind die Straßen mit Schnee bedeckt.

lluvia *f*
Este impermeable me protege muy bien de la **lluvia**.

Regen *m*
Dieser Regenmantel schützt mich sehr gut vor Regen.

tormenta *f*
No deberíamos ir al bosque con esta **tormenta**.

Unwetter *n*, **Gewitter** *n*
Wir sollten bei diesem Gewitter nicht in den Wald gehen.

viento *m*
El barco de vela se movía con el **viento**.

Wind *m*
Das Segelboot bewegte sich im Wind.

nieve *f*
En la cima de la montaña había todavía **nieve**.

Schnee *m*
Auf dem Berggipfel lag noch Schnee.

nube *f*
A lo mejor va a llover. Hay muchas **nubes** en el cielo.

Wolke *f*
Vielleicht regnet es. Es sind viele Wolken am Himmel.

niebla *f*
Es muy peligroso conducir con **niebla**.

Nebel *m*
Bei Nebel zu fahren ist sehr gefährlich.

UMWELTPROBLEME

ecología *f*
La **ecología** tiene un papel cada vez más importante en la economía y en la sociedad europeas.

Ökologie *f*
Die Ökologie hat eine immer wichtigere Rolle in der europäischen Wirtschaft und Gesellschaft.

ecológico, a *adj*
La producción industrial es cada vez más **ecológica**.

umweltfreundlich; umweltbewusst
Die industrielle Produktion wird immer umweltfreundlicher.

ecologista *m, f*
Los **ecologistas** denunciaron la situación del parque nacional.

Umweltschützer(in) *m(f)*
Die Umweltschützer brachten die Situation des Naturschutzgebietes an die Öffentlichkeit.

medio ambiente *m*
El turismo de masas perjudica al **medio ambiente.**

Umwelt *f*
Der Massentourismus gefährdet die Umwelt.

contaminación *f*
La **contaminación** de las costas perjudica enormemente a la pesca.

(Umwelt)verschmutzung *f*
Die Verschmutzung der Küsten ist sehr schädlich für die Fischerei.

humo *m*
¡No fumes tanto! ¡Me estás llenando de **humo**!

Rauch *m*
Rauch nicht so viel! Du räucherst mich ja ein!

gases de escape *m pl*
Los coches producen **gases de escape** que son tóxicos.

Auspuffgase *pl*
Autos produzieren Auspuffgase, die giftig sind.

residuo *m*
Los ecologistas están en contra del transporte de **residuos** tóxicos.

Schadstoff *m;* **Abfall** *m*
Die Umweltschützer sind gegen den Transport von Giftmüll.

ENERGIE UND TECHNIK

energía *f*
En España se produce **energía** eólica y solar.

Energie *f*
In Spanien wird Wind- und Solarenergie produziert.

electricidad *f*
¿Cuánto hemos pagado este año de **electricidad**?

Strom *m*, **Elektrizität** *f*
Wie viel haben wir dieses Jahr für Strom bezahlt?

potencia *f*
Este motor tiene mucha **potencia**.

Leistung *f;* **Kraft** *f*
Dieser Motor hat eine hohe Leistung.

potente *adj*
El motor de esta moto es muy **potente**.

stark
Der Motor dieses Motorrads ist sehr stark.

máquina *f*
Mis padres me han regalado una **máquina** de coser alemana.

Maschine *f*
Meine Eltern haben mir eine deutsche Nähmaschine geschenkt.

sistema *m*
¿Qué **sistema** tiene tu PC?

System *n*
Mit welchem Betriebssystem arbeitet dein PC?

motor *m*
El **motor** de la lavadora hace mucho ruido.

Motor *m*
Der Motor der Waschmaschine ist sehr laut.

aparato *m*
Con este **aparato** puedes abrir latas sin problemas.

Gerät *n*
Mit diesem Gerät kannst du Konservendosen problemlos öffnen.

bomba *f*
Tenemos una **bomba** de agua en el jardín.

Pumpe *f*
Wir haben eine Wasserpumpe im Garten.

funcionar *v*
No **funciona** el ascensor. Tenemos que subir las escaleras a pie.

funktionieren
Der Lift funktioniert nicht. Wir müssen die Treppe hinaufgehen.

funcionamiento *m*
No comprendo muy bien el **funcionamiento** de este programa.

Funktionieren *n*, **Arbeitsweise** *f*
Ich verstehe nicht sehr gut, wie dieses Programm funktioniert.

INFORMATIONSTECHNIK

informática *f*
El desarrollo de la **informática** ha sido enorme en los últimos años.

Informatik *f*
Die Entwicklung der Informatik war in den letzten Jahren enorm.

ordenador *m*
Quiero comprarme un **ordenador** nuevo.

Computer *m*
Ich will mir einen neuen Computer kaufen.

ⓘ In Lateinamerika sagt man ***la computadora***.

software *m opp:* hardware
Con este **software** es muy fácil hacer un banco de datos.

Software *f*
Mit dieser Software ist es sehr einfach, eine Datenbank zu erstellen.

hardware *m opp:* software
En nuestra empresa tenemos a menudo problemas con el **hardware**.

Hardware *f*
Bei uns in der Firma haben wir oft Probleme mit der Hardware.

impresora *f*
¿Está instalada la **impresora**?

Drucker *m*
Ist der Drucker installiert?

imprimir *v*
Esta impresora no **imprime** muy bien.

drucken
Dieser Drucker druckt nicht sehr gut.

ⓘ Das Partizip Perfekt von ***imprimir*** ist ***impreso*** und auch ***imprimido***. ***el impreso*** bedeutet „Formular“ oder „Drucksache“.

teclado *m*
Mi **teclado** tiene la letra "ñ“. Lo he comprado en España.

Tastatur *f*
Meine Tastatur hat den Buchstaben „ñ“. Ich habe sie in Spanien gekauft.

monitor *m*
Este **monitor** tiene muy poco contraste.

Monitor *m*
Dieser Monitor ist nicht sehr kontrastreich.

ⓘ Man kann für Bildschirm auch ***la pantalla*** sagen.

ratón *m* ⚠ *pl* ***los ratones***
Ha entrado algo en el **ratón** y por eso no se desplaza bien.

Maus *f*
Irgendetwas ist in die Maus gekommen, deswegen lässt sie sich nicht gut bewegen.

ⓘ Man kann auch das englische Wort ***el mouse*** benützen.

datos *mpl*
Los **datos** se han borrado.

Daten *pl*
Die Daten sind gelöscht.

archivo *m*
Haz un **archivo** para cada capítulo.

Datei *f*
Leg für jedes Kapitel eine Datei an.

disquete *m*
Puedes darme el archivo en un **disquete** o mandármelo por correo electrónico.

Disquete *f*
Du kannst mir die Datei auf Diskette geben oder sie mir per E-Mail schicken.

correo electrónico *m*
Le mandaré la traducción por **correo electrónico**.

E-Mail *f*
Ich werde Ihnen die Übersetzung per E-Mail schicken.

ⓘ Man sagt auch ***el e-mail.***

MATERIALIEN

material *m*
Hemos construido los muebles con **materiales** reciclados.

Material *n*
Wir haben die Möbel aus Recycling-Material gebaut.

duro, a *adj opp:* blando
La madera de nogal es muy **dura**.

hart
Nussbaumholz ist sehr hart.

ⓘ ***Ser*** wird benutzt, um die Eigenschaft eines Materials zu beschreiben, die dieses immer besitzt. Mit ***estar*** wird der momentane Zustand beschrieben, in dem sich ein Material befindet. ***estar duro*** wird also gesagt, um den Zustand eines Gegenstands zu bezeichnen, der eigentlich weich sein sollte, z. B. ***El pan está duro, ya no se puede comer.*** Das Brot ist hart, man kann es nicht essen. Diese Unterscheidung gilt für alle Adjektive, die Eigenschaften beschreiben.

blando, a *adj opp:* duro
Este queso está demasiado **blando**.

weich
Dieser Käse ist zu weich.

suave *adj*
¡Qué tela tan **suave**!, ¿es terciopelo?

zart, weich; mild
Was für ein weicher Stoff! Ist das Samt?

ⓘ Man könnte sagen, ***suave*** ist eine Mischung aus ***liso*** glatt und ***blando*** weich.

liso, a *adv opp:* áspero
El tablero de la mesa no está **liso** todavía. Tenemos que lijarlo.

glatt
Die Tischplatte ist noch nicht glatt. Wir müssen sie noch abschleifen.

áspero, a *adj opp:* liso, suave
Deberías utilizar suavizante. Las toallas están muy **ásperas**.

rau, uneben
Du solltest Weichspüler benutzen. Die Handtücher sind sehr rau.

mojado, a *adj opp:* seco
No te pongas esa camiseta. Todavía está **mojada**.

nass
Zieh dieses T-Shirt nicht an. Es ist noch nass.

romperse *v*
Ha hecho tanto viento que se han caído dos macetas de la terraza y **se han roto**.

zerbrechen; kaputtgehen
Es war so windig, dass zwei Blumentöpfe auf dem Balkon heruntergefallen und kaputtgegangen sind.

madera *f*
Para el comedor quiero una mesa de **madera**.

Holz *n*
Für das Esszimmer will ich einen Holztisch.

piedra *f*
En el jardín tenemos un banco de **piedra**.

Stein *m*
Im Garten haben wir eine Bank aus Stein.

carbón *m*
En Europa se han cerrado muchas minas de **carbón**.

Kohle *f*
In Europa sind viele Kohlebergwerke geschlosssen worden.

petróleo *m*
Un barco cargado de **petróleo** ha sufrido un accidente delante de las costas gallegas.

Erdöl *n*
Ein Erdöltanker hat vor der galicischen Küste einen Unfall gehabt.

algodón *m*
La ropa de **algodón** es muy agradable pero hay que plancharla.

Baumwolle *f*
Kleidung aus Baumwolle ist sehr angenehm, aber man muss sie bügeln.

lana *f*
Voy a comprar **lana** para hacerle un jersey a mi novio.

Wolle *f*
Ich werde Wolle kaufen, um meinem Freund einen Pullover zu stricken.

metal *m*
Tengo una mesa azul de **metal** en la terraza.

Metall *n*
Auf dem Balkon habe ich einen blauen Tisch aus Metall.

oro *m*
Esta pulsera de **oro** la he heredado de mi abuela.

Gold *n*
Dieses Goldarmband habe ich von meiner Großmutter geerbt.

plata *f*
Los pendientes que llevas, ¿son de **plata**?

Silber *n*
Sind die Ohrringe, die du heute trägst, aus Silber?

ESSEN UND TRINKEN

comida *f*
¿Habrá suficiente **comida** para todos?

Essen *n*
Wird das Essen für alle reichen?

comer *v*
Venga, te invito a **comer** en casa.

essen
Komm, ich lade dich zum Essen zu mir nach Hause ein.

comerse *v*
¿Te ha gustado el pollo? – ¿No lo ves? ¡Pero si **me** lo **he comido** todo!

aufessen
Hast dir das Hähnchen geschmeckt? – Siehst du das nicht? Ich habe doch alles aufgegessen!

beber *v*
¿Qué quieres **beber**: vino, cerveza ...?

trinken
Was möchstest du trinken: Wein, Bier ...?

ⓘ Als intransitives Verb bezieht sich ***beber*** auf Alkohol: ***¿Quieres una cerveza? – No, gracias. No bebo***. Möchtest du ein Bier? – Nein danke, ich trinke keinen Alkohol. ***Alguien que no bebe es abstemio.*** Jemand, der nicht trinkt, ist Abstinenzler.

hambre *m f*
Hoy no tengo nada de **hambre**.

Hunger *m*
Heute habe ich überhaupt keinen Hunger.

sed *f*
He hecho deporte y ahora tengo mucha **sed**.

Durst *m*
Ich habe Sport gemacht und jetzt habe ich großen Durst.

desayuno *m*
Si quieres compro mañana churros para el **desayuno**.

Frühstück *n*
Wenn du willst, kaufe ich morgen „Churros“ fürs Frühstück.

ⓘ ***Churros*** sind frittiertes Spritzgebäck, in Spanien und manchen Länder Lateinamerikas eine beliebte Süßigkeit, die man gern in Kaffee oder heiße Schokolade tunkt.

desayunar *v*
Para **desayunar** tomo solamente un café.

frühstücken
Zum Frühstück trinke ich nur einen Kaffee.

comida *f*
¿A qué hora es la **comida** con los clientes mañana?

Mittagessen *n*
Um wie viel Uhr findet morgen das Mittagessen mit den Kunden statt?

merienda *f*
Por las tardes voy a recoger a los niños al colegio, vamos a casa y les doy la **merienda**.

(Nachmittags-)happen *m;* **Picknick** *n*
Am späten Nachmittag hole ich die Kinder von der Schule ab, wir gehen nach Hause und ich gebe ihnen eine Kleinigkeit zu essen.

cena *f*
No puedo hablar más contigo por teléfono. Tengo que preparar la **cena**.

Abendessen *n*
Ich kann nicht weiter mit dir telefonieren. Ich muss das Abendessen vorbereiten.

cenar *v*
Los Martínez nos han invitado el sábado a **cenar**.

zu Abend essen
Die Martínez haben uns für Samstag zum Abendessen eingeladen.

LEBENSMITTEL

pan *m*
Hoy no hemos comprado **pan**. Sólo queda algo de ayer.

Brot *n*
Wir haben heute kein Brot gekauft. Es ist nur noch etwas von gestern da.

ⓘ Stangenbrot heißt ***la barra de pan***.

bocadillo *m*
¿De qué quieres el **bocadillo**?, ¿de chorizo o de jamón?

belegtes Brötchen
Was möchtest du auf dein Brötchen? Paprikawurst oder Schinken?

leche *f*
Para desayunar tomo siempre café con **leche**.

Milch *f*
Zum Frühstück trinke ich immer einen Milchkaffee.

ⓘ ***Cortado*** heißt der Kaffee mit etwas Milch, während der Kaffee ohne Milch (schwarzer Kaffee) ***un café solo*** ist.

mantequilla *f*
No me gusta cocinar con **mantequilla**. Prefiero el aceite.

Butter *f*
Ich koche nicht gern mit Butter. Ich nehme lieber Öl.

queso *m*
El **queso** manchego se produce con leche de oveja.

Käse *m*
Manchego-Käse wird aus Schafsmilch gemacht.

huevo *m*
Necesito **huevos** para hacer una tortilla.

Ei *n*
Ich brauche Eier für ein Omelett.

tortilla *f*
¿Qué tal la tortilla? – Demasiado caliente.

Omelett *n;* **Tortilla** *f*
Wie ist die Tortilla? – Zu heiß.

ⓘ ***La tortilla española*** oder ***tortilla de patatas*** wird mit Kartoffeln und Zwiebeln zubereitet. ***La tortilla francesa***, (französisches) Omelett, wird aus Eiern gemacht.

dulce *m*
¿Te apetece un **dulce** o quieres un café?

Süßspeise *f;* **Süßigkeit** *f*
Möchtest du etwas Süßes? Oder willst du einen Kaffee?

dulce *adj*
Susana prepara siempre unos postres demasiado **dulces**.

süß
Susana macht immer zu süße Nachspeisen.

salado, a *adj*
No puedo tomar esta sopa. Está demasiado **salada**.

salzig → nervioso ⓘ S. 15
Ich kann diese Suppe nicht essen. Sie ist zu salzig.

soso, a *adj*
¿Me pasas la sal, por favor? El pescado está un poco **soso**.

fade → ⓘ nervioso S. 15
Kann du mir das Salz geben? Der Fisch ist ein wenig fade.

amargo, a *adj*
Me gustan mucho los pomelos, aunque a veces están **amargos**.

bitter
Ich mag Grapefuits sehr gern, obwohl sie manchmal bitter sind.

picante *adj*
La comida mexicana es muy **picante**.

scharf → ⓘ nervioso S. 15
Mexikanisches Essen ist sehr scharf.

ácido, a *adj*
Si echas tanto vinagre en la ensalada, estará muy **ácida**.

sauer → ⓘ nervioso S. 15
Wenn du zu viel Essig in den Salat tust, wird er zu sauer.

agrio, a *adj* — **sauer** → tranquilo ⓘ S. 15
Esta leche está **agria**. No la tomes. — Diese Milch ist sauer. Trink sie nicht.

arroz *m* ⚠ *pl* ***los arroces*** — **Reis** *m*
El **arroz** de esta paella está en su punto. — Der Reis dieser Paella ist genau richtig.

pasta *f* — **Nudeln** *pl*
A mis hijos les encanta la **pasta** con salsa de tomate. — Meine Kinder lieben Nudeln mit Tomatensoße.

patata *f* — **Kartoffel** *f*
¿Qué van a tomar con la carne, **patatas** o ensalada? — Was möchten Sie zu ihrem Fleisch, Kartoffeln oder Salat?

ⓘ In Lateinamerika und Teilen Südspaniens wird die Kartoffel auch ***la papa*** genannt.

sopa *f* — **Suppe** *f*
De primero, tomaré **sopa** de verduras. — Als ersten Gang nehme ich eine Gemüsesuppe.

ensalada *f* — **Salat** *m*
En verano tomo muchas **ensaladas**. — In Sommer esse ich viel Salat.

tostada *f* — **(Scheibe) Toast** *m*
Siempre desayuno **tostadas** con mantequilla y mermelada. — Zum Frühstück esse ich immer Toast mit Butter und Marmelade.

mermelada *f* — **Marmelade** *f*
Para esta tarta se necesita **mermelada** de fresa. — Für diese Torte braucht man Erdbeermarmelade.

pastel *m* — **Gebäckstück** *n;* **Kuchen** *m;* **Pastete** *f*
Los **pasteles** los tomaremos después con el café. — Das Gebäck essen wir später zum Kaffee.

tarta *f* — **Torte** *f*
Para el cumpleaños de Ana hicimos una **tarta** de dos pisos. — Für Anas Geburtstag haben wir eine zweistöckige Torte gebacken.

chocolate *m* — **Schokolade** *f*
He comprado **chocolate** para el viaje. — Ich habe Schokolade für die Reise gekauft.

helado *m*
¿Quieres un **helado**? Ahí hay una heladería muy buena.

Eis *n*
Willst du ein Eis? Da ist eine sehr gute Eisdiele.

rico, a *adj*
¡Este arroz está **riquísimo**!

lecker
Dieser Reis ist sehr lecker!

caramelo *m*
Me duele un poco la garganta. ¿Tienes un **caramelo**?

Bonbon *n* → bombón
Ich habe ein wenig Halsschmerzen. Hast du ein Bonbon für mich?

bombón *m*
Mis compañeros me regalaron una caja de **bombones** en mi cumpleaños.

Praline *f* → caramelo
Meine Kollegen haben mir zum Geburtstag eine Schachtel Pralinen geschenkt.

azúcar *m*
¿Quieres el té con **azúcar**?

Zucker *m*
Willst du den Tee mit Zucker?

aceite *m*
El **aceite** de oliva es un ingrediente fundamental de muchos platos de la cocina española.

Öl *n*
Olivenöl ist eine wesentliche Zutat in vielen Gerichten der spanischen Küche.

vinagre *m*
Puedes conservar ese pescado si lo metes en **vinagre**.

Essig *m*
Du kannst diesen Fisch konservieren, wenn du ihn in Essig einlegst.

sal *f*
¿No crees que le has echado demasiada **sal** a la ensalada?

Salz *n*
Glaubst du nicht, dass du zu viel Salz an den Salat getan hast?

pimienta *f*
Ponle sal y **pimienta** a la carne.

Pfeffer *m*
Tu Salz und Pfeffer an das Fleisch.

salsa *f*
Esta **salsa** verde se hace con perojil.

Soße *f*
Diese grüne Soße macht man mit Petersilie.

---

carne *f*
He comprado **carne** de ternera para hoy.

Fleisch *n*
Für heute habe ich Kalbfleisch gekauft.

ternera *f*
Esta carne está muy dura. ¿Estás seguro de que es de **ternera**?

Kalb *n*
Dieses Fleisch ist sehr hart. Bist du sicher, dass es Kalbfleisch ist?

ⓘ Man sagt auch ***ternera*** zu Rindfleisch.

pollo *m*
Podemos comprar en el supermercado un **pollo** asado.

Hähnchen *n*
Wir können im Supermarkt ein gegrilltes Hähnchen kaufen.

salchicha *f*
Yo no como **salchichas** casi nunca.

Würstchen *n*
Ich esse fast nie Würstchen.

pescado *m*
Hoy había en el mercado un **pescado** muy fresco.

Fisch *m* → pez ⓘ S. 88
Heute gab es auf dem Markt sehr frischen Fisch.

merluza *f*
¿Tienes la receta de la **merluza** a la vasca?

Seehecht *m*
Hast du das Rezept für Seehecht auf baskische Art?

lenguado *m*
¿Qué has pedido de segundo? – Un **lenguado** a la plancha.

Seezunge *f*
Was hast du als zweiten Gang bestellt? – Eine gegrillte Seezunge.

atún *m*
En casa siempre tengo latas de **atún**.

Thunfisch *m*
Ich habe immer Thunfisch in Dosen zu Hause.

marisco *m*
En Nochebuena se suele tomar **marisco** en España.

Meeresfrüchte *f, Pl*
Am Heiligen Abend isst man in Spanien gewöhnlich Meeresfrüchte.

gamba *f*
He hecho **gambas** al ajillo. Espero que te gusten.

Garnele *f*
Ich habe Garnelen mit Knoblauch gemacht. Ich hoffe, sie schmecken dir.

---

verdura *f*
En Valencia se preparan platos de **verduras** muy buenos.

Gemüse *n*
In Valencia macht man sehr gute Gemüsegerichte.

lechuga *f*
Podemos hacer una ensalada de **lechuga** y tomate.

Kopfsalat *m*
Wir können einen Salat mit Kopfsalat und Tomaten machen.

tomate *m*
Necesito **tomates** maduros para el gazpacho.

Tomate *f*
Für das Gazpacho brauche ich reife Tomaten.

ⓘ ***Gazpacho***, ein typisches Sommergericht Südspaniens, wird mit Tomaten, grünen Paprika, Gurken, Knoblauch, Olivenöl, Essig und Salz zubereitet.

cebolla *f*
Yo hago la tortilla sin **cebolla**.

Zwiebel *f*
Ich mache Tortilla ohne Zwiebeln.

ajo *m*
Si pones mucho **ajo** en el gazpacho, sabrá demasiado fuerte.

Knoblauch *m*
Wenn du viel Knoblauch an das Gazpacho tust, wird es zu intensiv schmecken.

perejil *m*
¿Puede darme un poquito de **perejil**, por favor?

Petersilie *f*
Können Sie mir bitte etwas Petersilie geben?

ⓘ Petersilie bekommt man in Spanien am Obst- und Gemüsestand meist kostenlos.

fruta *f*
Tomo siempre **fruta** de postre.

Obst *n*
Ich esse immer Obst zum Nachtisch.

manzana *f*
¿Qué lleva la macedonia?
– Naranja, **manzana** y plátano.

Apfel *m*
Was ist im Obstsalat?
– Orange, Apfel und Banane.

pera *f*
Las **peras** están todavía muy duras. Cómete mejor una manzana.

Birne *f*
Die Birnen sind immer noch sehr hart. Iss lieber einen Apfel.

naranja *f*
En invierno tomamos muchas **naranjas**.

Apfelsine *f*
In Winter essen wir viele Apfelsinen.

plátano *m*
En España se consumen sobre todo **plátanos** de Canarias.

Banane *f*
In Spanien isst man vor allem Bananen von den Kanarischen Inseln.

ⓘ In Lateinamerika sagt man ***la banana***.

bebida *f* — **Getränke** *n, Pl*

Yo compro la **bebida** para la fiesta. — Ich kaufe die Getränke für das Fest.

agua mineral *m f* — **Mineralwasser** *n*

¿Nos puede traer una botella de **agua mineral** sin gas, por favor? — Können Sie uns bitte eine Flasche Mineralwasser ohne Kohlensäure bringen?

té *m* — **Tee** *m*

¿Cómo quiere usted el **té**, con leche o con limón? — Wie wollen Sie den Tee, mit Milch oder mit Zitrone?

ⓘ ***Té*** bezeichnet den Schwarztee, zu Kräutertee sagt man ***la tisana***, ***la infusión*** bezeichnet Aufgussgetränke allgemein.

café *m* — **Kaffee** *m;* **Café** *n*

Necesito tomar un **café** por las mañanas. Si no, no me despierto. — Ich brauche morgens immer einen Kaffee. Sonst werde ich nicht wach.

vino *m* — **Wein** *m*

Con la carne podemos tomar **vino** tinto. — Zum Fleisch können wir einen Rotwein trinken.

ⓘ Man unterscheidet ***vino tinto, rosado*** und ***blanco***.

cerveza *f* — **Bier** *n*

No tomo nunca vino, me gusta más la **cerveza**. — Ich trinke nie Wein, ich trinke lieber Bier.

tomar *v* — **(zu sich) nehmen; trinken; essen**

¿Vamos a **tomar** algo después del trabajo? — Gehen wir nach der Arbeit etwas trinken?

refresco *m* — **Erfrischungsgetränk** *n*

En muchas discotecas los **refrescos** son más caros que las bebidas alcohólicas. — In vielen Diskotheken sind Erfrischungsgetränke teurer als alkoholische Getränke.

zumo *m* — **Saft** *m*

Voy a preparar un **zumo** de naranja natural. — Ich mache uns einen frisch gepressten Orangensaft.

ⓘ In Lateinamerika heißt es ***el jugo***. Statt ***zumo de naranja*** hört man auch oft ***la naranjada***, und bei ***zumo de limón*** auch ***la limonada*** jeweils für frisch gepresste Säfte.

gaseosa *f*
En verano tomamos vino con **gaseosa**.

Sprudel *m*
Im Sommer trinken wir Weinschorle.

botella *f*
¿Nos queda todavía alguna **botella** de vino de Rioja?

Flasche *f*
Haben wir noch eine Flasche vom Rioja?

lata *f*
En el supermercado había **latas** de cerveza en oferta.

Dose *f*
Im Supermarkt gab es Dosenbier im Angebot.

ZUBEREITUNG DER SPEISEN

cocinar *v*
No sé **cocinar** muy bien. Pero quiero aprender.

kochen
Ich kann nicht sehr gut kochen, aber ich will es lernen.

hervir *v* ⚠ *irr* 30
No eches la verdura hasta que no **hierva** el agua.

kochen
Gib das Gemüse erst in den Topf, wenn das Wasser kocht.

freír *v* ⚠ *irr* 27, ***frito***
No hace falta utilizar tanto aceite para **freír**.

(an)braten
Man braucht nicht so viel Öl zum Fritieren.

asar *v*
He asado una pierna de cordero en el horno.

braten
Ich habe heute eine Lammkeule im Ofen gebraten.

preparar *v*
¿Cómo se **preparan** las gambas al ajillo?

zubereiten
Wie werden Garnelen mit Knoblauch zubereitet?

probar *v* ⚠ *irr* 7
Prueba la ensalada. Yo creo que le falta vinagre.

probieren
Probier den Salat. Ich glaube, es fehlt noch Essig.

GESCHIRR UND BESTECK

plato *m*
Dame tu **plato** para servirte el pollo.

Teller *m*
Gib mir deinen Teller, dann tu ich dir Hähnchen drauf.

vaso *m*
¿Puedes darme un **vaso** de agua?

Glas *n*
Kannst du mir ein Glas Wasser geben?

copa *f*
¡Qué **copas** tan bonitas! – Sí, son de cristal de Bohemia.

Glas *n*
Was für schöne Gläser! – Ja, sie sind aus böhmischem Kristall.

ℹ Mit ***copa*** werden Stielgläser bezeichnet.

taza *f*
Esas **tazas** son demasiado pequeñas para café con leche.

Tasse *f*
Diese Tassen sind zu klein für Milchkaffee.

cuchara *f*
Necesito una **cuchara** para la sopa.

Löffel *m*
Ich brauche einen Löffel für die Suppe.

cucharilla *f*, **cucharita** *f*
¿Puedes traerme una **cucharita** para el café?

Kaffeelöffel *m*
Kannst du mir einen Kaffeelöffel bringen?

tenedor *m*
El **tenedor** se pone a la izquierda del plato.

Gabel *f*
Die Gabel wird links neben den Teller gelegt.

cuchillo *m*
¿Puedes darme otro **cuchillo**? Éste no corta.

Messer *n*
Kannst du mir ein anderes Messer geben? Dieses hier schneidet nicht.

RESTAURANT

restaurante *m*
¿Puede recomendarme un buen **restaurante** aquí?

Restaurant *n*
Können Sie mir hier ein gutes Restaurant empfehlen?

bar *m*
Podemos tomar el aperitivo en el **bar** que está enfrente de la oficina.

Kneipe *f*; **Café** *n*
Wir können den Aperitiv in dem Café gegenüber vom Büro nehmen.

cafetería *f*
He quedado con Luisa en una **cafetería** del centro.

Café *n*
Ich habe mich mit Luisa in einem Café im Zentrum verabredet.

camarero *m*, **camarera** *f*
Guillermo es **camarero** en un restaurante.

Kellner(in) *m(f)*
Guillermo ist Kellner in einem Restaurant.

menú *m*
El **menú** del día consiste en una sopa, merluza a la vasca, fruta, vino y pan.

Menü *n*
Das Tagesmenü besteht aus einer Suppe, Seehecht auf baskische Art, Obst, Wein und Brot.

carta *f*
Aquí tiene la **carta**.

Speisekarte *f*
Bitte schön, die Speisekarte.

REISE

viajar *v*
Me encanta **viajar**.

(ver)reisen
Ich verreise sehr gern.

viaje *m*
¿Has preparado ya todo para el **viaje**?

Reise *f*
Hast du alles für die Reise vorbereitet?

turismo *m*
El **turismo** es la fuente de divisas número 1 en España.

Tourismus *m*
Der Tourismus ist Spaniens Devisenquelle Nummer eins.

turista *m, f*
En verano, el pueblo se llena de **turistas**.

Tourist(in) *m(f)*; **Besucher(in)** *m(f)*
Im Sommer ist das Dorf voll von Touristen.

guía *m, f (el, la)*
Pregúntale a la **guía** dónde están los servicios.

Reiseleiter(in) *m(f)*, **Fremdenführer(in)** *m(f)*
Frag die Reiseleiterin, wo die Toiletten sind.

guía *f*
He encontrado la dirección de este hotel en mi **guía**.

Reiseführer *m*
Ich habe die Adresse von diesem Hotel in meinem Reiseführer gefunden.

llegada *f opp:* salida
La **llegada** a Barcelona está prevista a las 18 horas.

Ankunft *f*
Die Ankunft in Barcelona ist für 18 Uhr vorgesehen.

salida *f opp:* llegada
Tenemos que mirar cuándo sale el tren en ese tablero con las **salidas**.

Abfahrt *f*, **Abflug** *m*
Wir müssen auf dem Schild mit den Abfahrten schauen, wann unser Zug abfährt.

retraso *m*
El vuelo de Iberia 789 tiene una hora de **retraso**.

Verpätung *f*
Der Flug Iberia 789 hat eine Stunde Verspätung.

pasajero *m*, **pasajera** *f*
¿Han entrado ya todos los **pasajeros**?

Passagier(in) *m(f)*
Sind schon alle Passagiere eingestiegen?

equipaje *m*
Mi **equipaje** no ha llegado todavía.

Gepäck *n*
Mein Gepäck ist noch nicht angekommen.

hotel *m*
Nuestro **hotel** está muy bien situado.

Hotel *n*
Unser Hotel ist sehr günstig gelegen.

pensión *f* ⚠ *pl* ***las pensiones***
¿Conoces alguna **pensión** barata en Madrid?

Pension *f*
Kennst du eine billige Pension in Madrid?

habitación doble *f* ⚠ *pl* ***las habitaciones***
Quisiera reservar una **habitación doble** con baño del 12 al 18 de agosto.

Doppelzimmer *n*
Ich möchte gern ein Doppelzimmer mit Bad vom 12. bis 18. August reservieren.

habitación individual *f* ⚠ *pl* ***las habitaciones***
En nuestro hotel las **habitaciones individuales** cuestan lo mismo que las dobles.

Einzelzimmer *n*
In unserem Hotel kosten die Einzelzimmer das Gleiche wie die Doppelzimmer.

VERKEHR

tráfico *m syn:* circulación
Lo siento. No he podido llegar antes porque había mucho **tráfico**.

(Straßen)verkehr *m*
Es tut mir Leid. Ich konnte nicht früher kommen, weil so viel Verkehr war.

parada *f*
Por favor, ¿dónde está la **parada** del (autobús) 65?

Haltestelle *f*
Entschuldigen Sie bitte, wo ist die Haltestelle der Linie 65?

conductor *m*, **conductora** *f*
Después de tres horas conduciendo en esas carreteras tan estrechas el **conductor** del autobús estaba cansado.

Fahrer(in) *m(f)*
Nachdem er drei Stunden über diese schmalen Landstraßen gefahren war, war der Busfahrer müde.

conducir *v* ⚠ *irr* 4
No me gusta **conducir** en carretera.

fahren *(am Steuer sein)*
Auf Landstraßen fahre ich nicht gern selbst.

ⓘ In Lateinamerika sagt man ***manejar***.

girar *v*
Gire a la derecha y siga unos 200 metros.

wenden; abbiegen
Sie biegen nach rechts ab und fahren dann noch ungefähr 200 Meter.

cruzar *v* ⚠ ***cruce, crucé***
Mira bien si viene algún coche antes de **cruzar** la calle.

überqueren
Guck genau, ob ein Auto kommt, bevor du die Straße überquerst.

aparcar *v* ⚠ ***aparque, aparqué***
No se puede **aparcar** en esta calle.

parken
Auf dieser Straße darf man nicht parken.

aparcamiento *m*
Creo que es mejor dejar el coche en el **aparcamiento**.

Parkplatz *m*
Ich glaube, es ist besser, das Auto auf dem Parkplatz zu lassen.

---

coche *m syn:* automóvil
Como vivo bastante lejos del trabajo, voy siempre en **coche**.

Auto *n*
Ich habe es ziemlich weit zur Arbeit. Deswegen fahre ich immer mit dem Auto.

ⓘ In Lateinamerika auch ***el auto*** oder ***el carro***.

moto(cicleta) *f*
No te olvides del casco si vas a ir en **moto**.

Motorrad *n*
Vergiss deinen Helm nicht, wenn du mit dem Motorrad fährst.

bici(cleta) *f* — **Fahrrad** *n*

Voy todos los días a la Universidad en **bicicleta**. — Ich fahre jeden Tag mit dem Fahrrad in die Uni.

ⓘ In Lateinamerika heißt es ***andar en bicicleta***.

autobús *m* ⚠ *pl* ***los autobuses*** — **(Auto)bus** *m*

Por delante de mi casa pasan dos **autobuses** que van al centro. — Direkt vor meiner Haustür gibt es zwei Busse, die ins Zentrum fahren.

autocar *m* — **Reisebus** *m*

Esta empresa tiene **autocares** muy confortables. — Diese Firma hat sehr komfortable Reisebusse.

taxi *m* — **Taxi** *n*

No puedo esperar más al autobús. Voy a tomar un **taxi**. — Ich kann nicht mehr auf den Bus warten. Ich nehme ein Taxi.

ⓘ In Spanien auch ***coger un taxi***.

tranvía *m* — **Straßenbahn** *f*

Antes había **tranvías** en Madrid. — Früher gab es in Madrid Straßenbahnen.

---

ferrocarril *m* — **Eisenbahn** *f*

Las nuevas líneas de **ferrocarril** son muy rápidas. — Die neuen Eisenbahnlinien sind sehr schnell.

tren *m* — **Zug** *m*

¿A qué hora sale el **tren** para Cáceres?, ¿y de qué vía? — Wann und von welchem Gleis fährt der Zug nach Cáceres?

metro *m* — **U-Bahn** *f*

En **metro** llegarás mucho antes. — Mit der U-Bahn kommst du viel früher an.

estación *f* ⚠ *pl* ***las estaciones*** — **Bahnhof** *m*

Te voy a recoger a la **estación**, ¿vale? — Ich hole dich am Bahnhof ab, einverstanden?

vía *f* — **Gleis** *m*

El tren sale de la **vía** 5. — Der Zug fährt von Gleis 5 ab.

billete *m*
Todavía tenemos que comprar los **billetes**.

Fahrkarte *f*
Wir müssen noch die Fahrkarten kaufen.

ⓘ In manchen Ländern Lateinamerikas heißt es auch ***el boleto***.

avión *m* ⚠ *pl* ***los aviones***
No me gusta ir en **avión**. Me da miedo.

Flugzeug *n*
Ich fliege nicht gern mit dem Flugzeug. Ich habe Angst.

volar *v* ⚠ *irr* 7
Me encanta **volar** y verlo todo desde arriba.

fliegen
Ich fliege sehr gern. Es gefällt mir, alles von oben zu sehen.

vuelo *m*
Nuestro **vuelo** tiene una hora de retraso.

Flug *m*
Unser Flug hat eine Stunde Verspätung.

aeropuerto *m*
¿Salen de aquí los autobuses para el **aeropuerto**?

Flughafen *m*
Fahren hier die Busse zum Flughafen ab?

barco *m*
Fuimos a la isla en un **barco**.

Schiff *n*
Wir sind mit einem Schiff auf die Insel gefahren.

puerto *m*
En el **puerto** de Cádiz vimos barcos enormes.

Hafen *m*
Im Hafen von Cádiz haben wir riesige Schiffe gesehen.

pasaje *m*
Vamos a reservar los **pasajes** en una agencia de viajes.

(Schiffs)ticket *n*
Wir werden die Schiffstickets bei einem Reisebüro reservieren.

satélite *m*
Este programa se emite desde México vía **satélite**.

Satellit *m*
Dieses Programm wird per Satellit aus Mexiko ausgestrahlt.

espacio *m*
Cada vez hay más satélites en el **espacio**.

(Welt)raum *m*
Es gibt immer mehr Satelliten im Weltraum.

planeta *m*
A lo mejor hay vida en otros **planetas**.

Planet *m*
Vielleicht gibt es Leben auf anderen Planeten.

cohete *m*
Ayer despegó otro **cohete** con destino a Marte.

Rakete *f*
Gestern ist noch eine Rakete Richtung Mars gestartt.

LÄNDER

Europa *f*	**Europa** *n*
España *f*	**Spanien** *n*

ⓘ Die Regionen Spaniens heißen ***Andalucía, Aragón, Asturias, las (Islas) Baleares, Canarias, Cantabria, Castilla-León, Castilla-La Mancha, Cataluña, Euskadi*** oder ***País Vasco, Extremadura, Galicia, La Mancha, La Rioja, Madrid, Murcia, Navarra, Valencia***.

Alemania *f*	**Deutschland** *n*
Austria *f*	**Österreich** *n*
Suiza *f*	**Schweiz** *f*
América Latina, Latinoamérica *f*	**Lateinamerika** *n*
América Central, Centroamérica *f*	**Mittelamerika** *n*
América del Sur, Sudamérica *f*	**Südamerika** *n*
América del Norte, Norteamérica *f*	**Nordamerika** *n*
Argentina *f*	**Argentinien** *n*
Bolivia *f*	**Bolivien** *n*
Chile *m*	**Chile** *n*
Colombia *f*	**Kolumbien** *n*
Costa Rica *f*	**Costa Rica** *n*
Cuba *f*	**Kuba** *n*
Ecuador *m*	**Ecuador** *n*
El Salvador *m*	**El Salvador** *n*
Guatemala *f*	**Guatemala** *n*

Honduras *m*	**Honduras** *n*
Méjico, México *m*	**Mexiko** *n*

ⓘ Beides wird gleich ausgesprochen ['mechiko].

Nicaragua *f*	**Nicaragua** *n*
Panamá *m*	**Panama** *n*
Paraguay *m*	**Paraguay** *n*
Perú *m*	**Peru** *n*
Puerto Rico *m*	**Puerto Rico** *n*
República Dominicana *f*	**Dominikanische Republik** *f*
Uruguay *m*	**Uruguay** *n*
Venezuela *f*	**Venezuela** *n*

NATIONALITÄTEN UND SPRACHEN

europeo, a	**Europäer(in); europäisch**
español, a	**Spanier(in); spanisch**

ⓘ Sprachen sind maskulin: ***el español*** das Spanisch(e).

alemán, alemana	**Deutsche(r); deutsch**
austríaco, a	**Österreicher(in); österreichisch**
suizo, a	**Schweizer(in); schweizerisch**
latinoamericano, a	**Lateinamerikaner(in); lateinamerikanisch**
sudamericano, a	**Südamerikaner(in); südamerikanisch**

argentino, a	Argentinier(in); argentinisch
boliviano, a	Bolivianer(in); bolivianisch
chileno, a	Chilene, Chilenin; chilenisch
colombiano, a	Kolumbianier(in); kolumbianisch
costarricense, costarriqueño, a	Costa-Ricaner(in); costaricanisch
cubano, a	Kubaner(in); kubanisch
dominicano, a	Dominikaner(in); dominikanisch
ecuatoriano, a	Ecuadorianer(in); ecuadorianisch
guatemalteco, a	Guatemalteke, Guatemaltekin; guatemaltekisch
hondureño, a	Honduraner(in); honduranisch
mejicano, a, mexicano, a	Mexikaner(in); mexikanisch

ⓘ Beides wird gleich ausgesprochen [mechi'kano].

nicaragüense, nicaragüeño, a	Nicaraguaner(in); nicaraguanisch
panameño, a	Panamaer(in); panamaisch
paraguayo, a	Paraguayer(in); paraguayisch
peruano, a	Peruaner(in); peruanisch
puertorriqueño, a	Puertoricaner(in); puertoricanisch
salvadoreño, a	Salvadorianer(in); salvadorianisch
uruguayo, a	Uruguayer(in); uruguayisch
venezolano, a	Venezolaner(in); venezolanisch

JAHRESABLAUF

día *m* — **Tag** *m*

¿A qué **día** estamos? – A 12 de agosto. — Den Wievielten haben wir? – Den 12. August.

Jaime lee el periódico todos los **días**. — Jaime liest jeden Tag die Zeitung.

No he hecho nada en todo el **día**. — Ich habe den ganzen Tag nichts getan.

ⓘ ***Todos los días, todas las semanas*** usw. bedeutet jeden Tag, jede Woche usw.; ***todo el día*** bedeutet den ganzen Tag.

semana *f* — **Woche** *f*

La **semana** que viene me voy de vacaciones. — Ich fahre nächste Woche in Urlaub.

mes *m* — **Monat** *m*

Una vez al **mes** vamos a casa de mi hermano. — Einmal im Monat gehen wir zu meinem Bruder.

año *m* — **Jahr** *n*

El **año** que viene queremos ir a Argentina. — Nächstes Jahr wollen wir nach Argentinien gehen.

¿Cuántos **años** tienes? — Wie alt bist du?

estación (del año) *f* ⚠ *pl* ***las estaciones*** — **Jahreszeit** *f*

En Sudamérica, el paso de una **estación** a otra no se aprecia tanto como en Europa. — Der Übergang von einer Jahreszeit zur anderen ist in Südamerika nicht so deutlich wie in Europa.

primavera *f* — **Frühling** *m*

Era invierno, pero hacía un tiempo de **primavera**. — Es war Winter, aber es war ein Wetter wie im Frühling.

verano *m* — **Sommer** *m*

¿Dónde vas a ir de vacaciones en **verano**? — Wohin fährst du im Sommer in Urlaub?

otoño *m* — **Herbst** *m*

El **otoño** me parece una estación muy romántica. — Ich finde, der Herbst ist eine sehr romantische Jahreszeit.

invierno *m* — **Winter** *m*

En el centro de la península puede nevar bastante en **invierno**. — Im Zentrum der (Iberischen) Halbinsel kann im Winter ziemlich viel Schnee fallen.

MONATSNAMEN

enero *m* — **Januar** *m*

ⓘ Zeitangaben wie im Januar, im Februar usw. werden im Spanischen ohne Artikel verwendet: ***en enero***, ***en febrero***.

febrero *m* — **Februar** *m*

ⓘ Bei Datumsangaben stehen Grundzahlen, nicht Ordnungszahlen. Beim Ersten des Monats kann man allerdings ***el primero*** oder ***el uno*** sagen.

marzo *m* — **März** *m*

abril *m* — **April** *m*

mayo *m* — **Mai** *m*

junio *m* — **Juni** *m*

julio *m* — **Juli** *m*

agosto *m* — **August** *m*

se(p)tiembre *m* — **September** *m*

octubre *m* — **Oktober** *m*

noviembre *m* — **November** *m*

diciembre *m* — **Dezember** *m*

WOCHENTAGE

lunes *m* — **Montag** *m*

¡Adiós, hasta el **lunes**! — Auf Wiedersehen, bis Montag!

Nosotros vamos al cine los **lunes**. Es más barato. — Wir gehen (immer) montags ins Kino. Es ist billiger.

ⓘ Mit ***el lunes*** ist meist der nächste Montag gemeint, mit ***los lunes*** wird eine regelmäßige Tätigkeit ausgedrückt.

martes *m* — **Dienstag** *m*

El **martes** pasado estuvimos en casa de Fernando. — Letzten Dienstag waren wir bei Fernando.

miércoles *m* — **Mittwoch** *m*

jueves *m* — **Donnerstag** *m*

viernes *m* — **Freitag** *m*

sábado *m* — **Samstag** *m*

domingo *m* — **Sonntag** *m*

TAGESZEIT

mañana *f*
Hoy por la **mañana** no me podía levantar porque estaba muy cansado.

Morgen *m*
Heute Morgen bin ich kaum aus dem Bett gekommen, weil ich sehr müde war.

ⓘ In Lateinamerika sagt man ***a/en la mañana*** statt ***por la mañana***; so auch bei ***tarde*** und ***noche***. „Guten Morgen" heißt ***Buenos días.*** Man sagt es bis zum Mittagessen.

tarde *f*
¿Qué vas a hacer esta **tarde**?

¡Adiós, buenas **tardes**!

Nachmittag *m;* **früher Abend** *m*
Was machst du heute Nachmittag?
Auf Wiedersehen, und einen schönen Abend noch!

noche *f*
Buenas **noches**, hemos reservado una mesa para cuatro. – Sí, acompáñenme.

Si no queréis conducir ahora, podéis pasar la **noche** aquí.

später Abend *m*; **Nacht** *f*
Guten Abend, wir haben einen Tisch für vier Personen reserviert. – Ja, kommen Sie bitte mit.
Wenn ihr jetzt nicht mehr fahren wollt, könnt ihr hier übernachten.

UHRZEIT

hora *f*
¿Qué **hora** es?
¡Por fin estás aquí! Te espero desde hace media **hora**. ¿Qué te ha pasado?
¿A qué **hora** quedamos?

Stunde *f*
Wie spät ist es?
Endlich bist du da! Ich warte seit einer halben Stunde auf dich. Was ist passiert?
Um wie viel Uhr treffen wir uns?

ⓘ Man sagt auch oft ***¿Tienes hora?*** Hast du die Uhrzeit?

minuto *m*	**Minute** *f*
¿Puedes esperar un **minuto**?	Kannst du eine Minute warten?
segundo *m*	**Sekunde** *f;* **kurzer Moment**
Necesito hablar contigo unos **segundos**.	Ich muss kurz mit dir reden.
y *conj*	**nach**
Son las ocho **y** media.	Es ist Viertel nach acht.

ⓘ ***Las veinte y treinta*** (20.30) ist eine offizielle Zeitangabe z. B. im Bahnhof, Flughafen oder Radio. Vor Wörtern, die mit „i" oder „hi" beginnen, wird ***y*** zu ***e*** (z. B. ***padres e hijos*** oder ***españoles e italianos***), außer wenn das „i" Bestandteil eines Diphthonges ist (z. B. hielo).

menos *adv*	**vor**
¿A qué hora quedamos? – A las siete **menos** cuarto.	Wann treffen wir uns? – Um Viertel vor sieben.
en punto *adv*	**pünktlich**
Me levanto a las siete **en punto**.	Ich stehe pünktlich um sieben Uhr auf.
cuarto *m*	**Viertel** *n*
¿Podemos descansar un poco a las cuatro y **cuarto**?	Können wir um Viertel nach vier eine kurze Pause machen?
media (hora) *adj*	**halb**
Podemos empezar a comer en **media** hora.	In einer halben Stunde können wir anfangen zu essen.
¿A qué hora empieza la película? – A las siete y **media**.	Um wie viel Uhr fängt der Film an? – Um halb acht.
a *prep*	**um**
¿**A** qué hora sale el avión para Lima? – **A** las diez.	Um wie viel Uhr fliegt die Maschine nach Lima ab? – Um zehn Uhr.

ⓘ Man sagt ***a eso de las tres*** oder ***hacia las tres*** gegen drei, wenn die Uhrzeit nicht genau bekannt ist.

de ... a *prep*	**von ... bis**
Las tiendas están abiertas los sábados **de** nueve **a** dos.	Die Geschäfte sind samstags von neun Uhr bis zwei Uhr geöffnet.

ANDERE ZEITBEGRIFFE

tiempo *m*

Lo siento, pero ahora no puedo hablar contigo. No tengo **tiempo**.

Zeit *f*

Es tut mir Leid, aber ich kann jetzt nicht mir dir sprechen. Ich habe keine Zeit.

siglo *m*

El **Siglo** de Oro español comprende los siglos XVI y XVII.

Jahrhundert *n*

Das spanische „Goldene Zeitalter“ umfasst das 16. und 17. Jahrhundert.

fecha *f*

¿Tenéis ya una **fecha** para la boda?

Datum *n*

Habt ihr schon ein Datum für die Hochzeit festgelegt?

época *f*

Los años que pasé en Granada fueron la **época** más bonita de mi vida.

Zeit *f*, **Zeitabschnitt** *m*

Die Jahre, die ich in Granada verbracht habe, waren die schönste Zeit meines Lebens.

cuando *conj*

Cuando salgo por ahí por las noches me cuesta mucho levantarme temprano al día siguiente.

Cuando trabajaba en el centro, iba todos los días a comer cerca del mercado.

Llámame **cuando** llegues a Madrid.

(immer) wenn; als; sobald

Wenn ich abends ausgehe, fällt es mir sehr schwer, am nächsten Tag früh aufzustehen.

Als ich in der Stadt gearbeitet habe, bin ich jeden Tag in der Nähe des Marktes essen gegangen.

Ruf mich an, sobald du in Madrid angekommen bist.

Wenn ***cuando*** „sobald“ heißt, steht das spanische Verb im Konjunktiv.

cuándo *adv*

¿**Cuándo** vas a venir a vernos?

No sabemos **cuándo** tendremos vacaciones este año.

wann

Wann kommst du uns besuchen?

Wir wissen nicht, wann wir dieses Jahr Urlaub bekommen.

mientras *conj*

Mientras yo hago la comida, tú puedes poner la mesa.

während; solange

Während ich das Essen mache, kannst du den Tisch decken.

Mientras vivas en España puedes aprovechar la ocasión para estudiar español. — Solange du in Spanien lebst, kannst du die Gelegenheit nutzen, um Spanisch zu lernen.

ⓘ Wenn ***mientras*** „solange" heißt, steht das spanische Verb im Konjunktiv.

ahora *adv* — **jetzt**
¿Piensas ir al parque **ahora**? ¡Pero si está lloviendo a cántaros! — Willst du wirklich jetzt in den Park gehen? Es gießt nämlich in Strömen!

presente *m opp:* pasado, futuro — **Gegenwart** *f*
Piensa en el **presente**. No pienses más en el pasado. — Denk an die Gegenwart. Denk nicht mehr an die Vergangenheit.

hoy *adv* — **heute**
Hoy había mucho tráfico en el centro. — Heute war im Zentrum viel Verkehr.

momento *m* — **Moment** *m*
Quería hablar con el Sr. Fernández. – Sí, un **momento**, por favor. Le paso con él. — Ich hätte gern Herrn Fernández gesprochen. – Ja, einen Moment bitte, ich verbinde.

pasado *m opp:* presente, futuro — **Vergangenheit** *f*
En el **pasado** veía las cosas de una manera muy distinta a como las veo hoy. — In der Vergangenheit habe ich die Sachen ganz anders betrachtet, als ich sie heute sehe.

ayer *adv* — **gestern**
Ayer hizo un calor tremendo. — Gestern war es sehr heiß.

mañana *adv* — **morgen**
¿Nos vemos **mañana**? — Sehen wir uns morgen?

futuro *m opp:* pasado — **Zukunft** *f*
¿Tienes algún proyecto especial para el **futuro**? — Hast du irgendein besonderes Projekt für die Zukunft?

---

hasta *prep*, **hasta que** *conj* — **bis**
¡**Hasta** pronto! — Bis bald!
Hasta que no termine este trabajo, no puedo empezar nada más. — Bis ich mit dieser Arbeit fertig bin, kann ich nichts anderes anfangen.

ⓘ Nach ***hasta que, antes de que, después de que, cuando*** stehen die Verben im Konjunktiv, wenn bei der zukünftigen Handlung noch unklar ist, ob bzw. wann sie sich ereignet.

durante *prep*	**während, (Zeit) lang**
El director habló sin parar **durante** una hora.	Der Direktor sprach eine Stunde lang ohne Pause.
hace *prep*	**vor**
¿Cuándo empezaste a estudiar español? – **Hace** dos años.	Wann hast du angefangen, Spanisch zu lernen? – Vor zwei Jahren.
desde *prep*	**seit**
Vivo en Colombia **desde** 1997.	Ich wohne seit 1997 in Kolumbien.

ⓘ ***Desde*** bezieht sich auf einen bestimmten Zeitpunkt.

desde hace *prep*	**seit**
Trabajo en esta editorial **desde hace** tres años.	Ich arbeite seit drei Jahren in diesem Verlag.

ⓘ ***Desde hace*** bezieht sich auf einen Zeitraum.

todavía *adv syn:* aún	**noch**
¿**Todavía** no has reservado las entradas para el concierto?	Hast du die Karten für das Konzert noch nicht reserviert?
aún *adv syn:* todavía	**noch**
Aún no conocemos al hijo de Tere y Pedro.	Wir haben den Sohn von Tere und Pedro noch nicht kennen gelernt.
para siempre *adv*	**für immer**
Quiero vivir **para siempre** en Mallorca.	Ich will für immer auf Mallorca leben.
durar *v*	**dauern**
¡Cuánto **dura** esta película!	Dieser Film ist aber lang!
tardar *v*	**(Zeit) brauchen**
¿Por qué **tardas** siempre tanto en arreglarte?	Warum brauchst du immer so lange, um dich fertig zu machen?

siempre *adv opp:* nunca
Siempre pasamos las Navidades en casa de mis padres.

immer
Wir verbringen Weihnachten immer bei meinen Eltern.

normalmente *adv*
Normalmente no me acuesto antes de las doce.

normalerweise
Normalerweise gehe ich nicht vor zwölf ins Bett.

con regularidad *adv*
Es bueno comer verduras y frutas **con regularidad**.

regelmäßig
Es ist gesund, regelmäßig Gemüse und Obst zu essen.

muchas veces *adv*
opp: pocas veces
He estado **muchas veces** en ese restaurante.

oft
Ich bin schon oft in diesem Restaurant gewesen.

varias veces *adv*
He intentado **varias veces** tratar el tema en una reunión. Pero nadie quería hablar de ello.

mehrmals
Ich habe mehrmals versucht, das Thema in einer Sitzung anzusprechen. Aber niemand wollte darüber reden.

a veces *adv*
A veces es difícil entenderte.

manchmal
Manchmal ist es schwer, dich zu verstehen.

(muy) poco *adv opp:* muchas veces
Voy muy **poco** al cine.

selten
Ich gehe selten ins Kino.

una vez *adv*
Sólo he montado **una vez** a caballo.

einmal
Ich bin nur einmal auf einem Pferd geritten.

nunca *adv syn:* jamás,
opp: siempre
No he estado **nunca** en España.

nie(mals)
Ich war nie in Spanien.

ⓘ Steht ***nunca*** am Satzanfang, entfällt die Verneinung „no“. Dasselbe gilt für ***jamás: Nunca he estado en España.***

ya *adv*
¿Has hecho **ya** los deberes?

schon
Hast du die Hausaufgaben schon gemacht?

ahora mismo *adv*
¿Está María? – Sí, **ahora mismo** se pone.

gleich
Kann ich bitte María sprechen? (*wörtl.* Ist María da?) – Ja, sie kommt gleich.

enseguida *adv* — **sofort**

¿Nos podría traer una botella de agua mineral? – Sí, **enseguida**. — Könnten Sie uns eine Flasche Mineralwasser bringen? – Ja, sofort.

a tiempo *adv* — **rechtzeitig**

Tenemos que salir de casa a las siete para llegar **a tiempo.** — Wir müssen um sieben Uhr gehen, damit wir rechtzeitig ankommen.

temprano *adv opp:* tarde — **früh**

¿Por qué te has levantado tan **temprano**? — Warum bist du so früh aufgestanden?

pronto *adv* — **bald**

Espero que nos veamos **pronto**. — Ich hoffe, wir sehen uns bald.

entonces *adv* — **dann**

El martes de la semana que viene es fiesta. – ¡Ah!, **entonces** podemos hacer una excursión. — Nächsten Dienstag ist Feiertag. – Ah! Dann können wir einen Ausflug machen.

antes (de [que]) *adv, prep, conj* — **früher; vor; bevor**

Antes trabajaba menos que ahora. — Früher habe ich weniger gearbeitet als jetzt.

Tengo que arreglar algunos papeles **antes de** mi viaje. — Ich muss vor meiner Reise noch einige Unterlagen besorgen.

Te llamo **antes de** salir, ¿vale? — Ich rufe dich an, bevor ich wegfahre, einverstanden?

Dale este paquete a Raúl **antes de que** se vaya. — Gib Raúl dieses Paket, bevor er geht.

después (de [que]) *adv, prep, conj* — **später; danach; nach; nachdem**

¿Quieres comer algo ahora? – No, mejor **después**. — Willst du jetzt etwas essen? – Nein, lieber später.

Después del trabajo podemos ir a cenar. — Nach der Arbeit können wir essen gehen.

Después de que hayas arreglado tu habitación puedes jugar. — Erst wenn du dein Zimmmer aufgeräumt hast kannst du spielen.

luego *adv* — **nacher, dann**

¡Hasta **luego**! — Bis dann!

tarde *adv opp:* temprano — **spät**
¡Pon la música más baja! Es muy **tarde**. — Mach die Musik leiser! Es ist sehr spät.

ZEITLICHER ABLAUF

comenzar *v syn:* empezar, *opp:* acabar, terminar ⚠ *irr* 22, ***comience, comencé*** — **anfangen**
¿Podemos **comenzar** ya, o falta todavía alguien? — Können wir schon anfangen oder fehlt noch jemand?

empezar *v syn:* comenzar, *opp:* acabar, terminar ⚠ *irr* 22, ***empiece, empecé*** — **beginnen**
El curso de español **empieza** en mayo y termina en julio. — Der Spanischkurs beginnt im Mai und endet im Juli.

principio *m syn:* comienzo, *opp:* fin, final — **Anfang** *m*
El **principio** de la conferencia fue un poco aburrido. — Der Anfang des Vortrags war etwas langweilig.
Al **principio**, Valencia no me gustó mucho, pero luego no quería volver a Barcelona. — Am Anfang hat mir Valencia nicht so gut gefallen, aber dann wollte ich nicht nach Barcelona zurück.

vez *f* ⚠ *pl* ***las veces*** — **Mal** *n*
¿Es la primera **vez** que estás en España? — Bist du zum ersten Mal in Spanien?

otra vez *adv syn:* de nuevo — **noch einmal**
Me gustaría ir **otra vez** al Museo del Prado. — Ich würde gern noch einmal ins Prado-Museum gehen.

repetir *v* ⚠ *irr* 21 — **wiederholen**
¿Puede **repetirme** lo que ha dicho, por favor? — Können Sie bitte wiederholen, was Sie gesagt haben?

seguir *v* ⚠ *irr* 21, ***sigo, siga*** — **weiterhin tun; folgen**
¿**Sigues** viviendo en el mismo sitio? — Wohnst du immer noch am gleichen Ort?
No quiero **seguir** tus consejos. No me parecen razonables. — Ich will deinen Ratschlägen nicht folgen. Ich finde sie nicht vernünftig.

volverse *v* ⚠ *irr* 37
Rosa **se ha vuelto** muy abierta.

werden
Rosa ist sehr offen geworden.

cambio *m*
¿No me notas ningún **cambio**? ¡Llevo gafas nuevas!

Veränderung *f*
Bemerkst du keine Veränderung an mir? Ich habe eine neue Brille!

cambiar *v*
Has cambiado mucho desde la última vez que nos vimos.

(sich) verändern
Du hast dich sehr verändert, seit wir uns zum letzten Mal gesehen haben.

acabar *v syn:* terminar, *opp:* empezar, comenzar
¿Cuándo vas a **acabar** hoy de trabajar?

aufhören
Wann hörst du heute auf zu arbeiten?

terminar *v syn:* acabar, *opp:* empezar, comenzar
Tengo que **terminar** este informe para mañana.

beenden, fertig machen
Ich muss diesen Bericht bis morgen fertig machen.

final *m opp:* principio, comienzo
El **final** de la obra fue muy impresionante.
La farmacia está al **final** de esa calle.

Ende *n*
Das Ende des Theaterstücks war sehr beeindruckend.
Die Apotheke ist am Ende dieser Straße.

final *adj*
Mañana tenemos el examen **final**.

(Ab)Schluss-
Morgen haben wir die Abschlussprüfung.

fin *m opp:* principio, comienzo
¿Qué vas a hacer este **fin** de semana?
Voy a hacer una fiesta de **Fin** de Año en mi casa.

Ende *n*, **Schluss** *m*
Was machst du dieses Wochenende?
Ich werde eine Silvesterparty bei mir machen.

listo, a *adj syn:* preparado
Macarena, ¿estás **lista**? Venga, que nos tenemos que ir.

fertig
Macarena, bist du fertig? Komm, wir müssen gehen.

RÄUMLICHE BEGRIFFE

lugar *m* — **Ort** *m*
Me gusta mucho este **lugar**. Vengo siempre que puedo.
Dieser Ort gefällt mir sehr. Ich komme hierher, wann immer ich kann.

próximo, a *adj* — **nächste(r, -s)**
Tiene que girar la **próxima** calle a la izquierda.
Sie müssen die nächste Straße links abbiegen.

siguiente *adj* — **nächste(r, -s), folgend**
¿Es usted el **siguiente**?
Sind Sie der Nächste?

sitio *m* — **Platz** *m*, **Ort** *m*
¿Está libre este **sitio**?
Ist dieser Platz frei?

donde *adv relativo* — **wo, in dem, in der**
El edificio **donde** vivo es muy nuevo.
Das Gebäude, in dem ich wohne, ist sehr neu.

dónde *adv interrogativo* — **wo**
¿**Dónde** está la parada de taxis más próxima?
Wo ist der nächste Taxistand?

aquí *adv* — **hier(her)**
Estoy todavía **aquí**, en casa.
Ich bin noch hier, zu Hause.
Ven **aquí**, si quieres. Te esperamos.
Komm hierher, wenn du willst. Wir warten auf dich.

ⓘ In Lateinamerika sagt man ***acá***.

ahí *adv* — **da(hin)**
¿Has visto mi bolso? – Sí, míralo, está **ahí**.
Hast du meine Tasche gesehen? – Ja, schau, da ist sie.

allí *adv* — **dort, da(hin)**
Mira, **allí** está nuestro hotel, en la orilla del lago.
Schau mal, dort ist unser Hotel, am Seeufer.

en *prep* — **auf; in; bei; zu**
Las llaves están **en** la mesa.
Die Schlüssel sind auf dem Tisch.
Huelva está **en** Andalucía.
Huelva ist in Andalusien.
Ayer cuando me llamaste estaba **en** el médico.
Als du mich gestern angerufen hast, war ich beim Arzt.
Hoy me quedo **en** casa. No tengo ganas de salir.
Heute bleibe ich zu Hause. Ich habe keine Lust, auszugehen.

encima (de) *adv, prep*
Me he dejado la tarjeta de crédito en el dormitorio, **encima de** la mesilla de noche.

auf
Ich habe meine Kreditkarte im Schlafzimmer auf dem Nachttisch liegenlassen.

sobre *prep*
A veces pasan muchos cisnes volando **sobre** mi casa.

über auf
Manchmal fliegen viele Schwäne über mein Haus.

debajo (de) *adv, prep*
¿Dónde has puesto el paquete de mi tía? – Ahí **debajo**.
El gato está **debajo de** la silla.

darunter; unter
Wo hast du das Paket von meiner Tante hingelegt?
– Da unten.
Die Katze ist unter dem Stuhl.

lejos (de) *adv, prep*
¿Está muy **lejos de** aquí la estación de autobuses?
– ¡Qué va!, ¡no está nada **lejos**!

weit (weg)
Ist der Busbahnhof sehr weit von hier? – Ach was! Er ist überhaupt nicht weit weg!

cerca (de) *adv, prep*
El restaurante está muy **cerca**.
Mis padres viven **cerca del** puerto.

nah(e) (bei)
Das Restaurant ist ganz nah.
Meine Eltern wohnen nah am Hafen.

al lado (de) *adv, prep*
Nos hemos comprado un chalé aquí **al lado**.
El garaje está **al lado del** jardín.

neben(an)
Wir haben uns hier nebenan ein Einfamilienhaus gekauft.
Die Garage ist neben dem Garten.

junto a *prep*
El restaurante al que queremos ir está **junto al** Ayuntamiento.

neben
Das Restaurant, in das wir gehen wollen, ist neben dem Rathaus.

delante (de) *adv, prep*
opp: detrás (de)
Ponte ahí **delante**. Así me haces sombra.
Perdone, pero yo voy **delante de** usted.

vorne; vor(aus)
Stell dich da vorne hin. So machst du mir Schatten.
Entschuldigen Sie, aber ich bin vor Ihnen dran.

enfrente (de) *adv, prep*
¿Dónde podemos tomar una cerveza? – Ahí, **enfrente**.
Enfrente de nuestra casa hay una iglesia.

drüben; gegenüber
Wo können wir ein Bier trinken gehen? – Da drüben.
Gegenüber von unserem Haus steht eine Kirche.

frente a *prep* — **direkt vor, gegenüber**

Frente a mi ventana hay un campo de olivos. — Direkt vor meinem Fenster ist ein Olivenhain.

alrededor (de) *adv, prep* — **um (herum)**

La estatua tiene unos árboles **alrededor**. — Um die Statue stehen ein paar Bäume.

Coloca las sillas **alrededor de** la mesa. — Stell die Stühle um den Tisch herum.

en medio (de) *adv, prep* — **mitten auf**

En medio de la plaza hay una fuente. — Mitten auf dem Platz ist ein Brunnen.

entre *prep* — **zwischen**

Mira, aquí estoy yo. **Entre** mi primo y mi tía. — Schau mal, da bin ich. Zwischen meinem Cousin und meiner Tante.

detrás (de) *adv, prep* — **hinten; hinter**
opp: delante (de)

Los niños deben ir en el coche **detrás**. — Kinder müssen im Auto hinten sitzen.

¿Dónde está el mando a distancia? – **Detrás de** la televisión. — Wo ist die Fernbedienung? – Hinter dem Fernseher.

derecho, a *adj opp:* izquierdo — **rechte(r, -s)**

Almudena es la mano **derecha** de su jefe. — Almudena ist die rechte Hand ihres Chefs.

izquierdo, a *adj opp:* derecho — **linke(r, -s)**

Germán juega muy bien al fútbol con el pie **izquierdo**. — German spielt auch mit dem linken Fuß sehr gut Fußball.

arriba *adv opp:* abajo — **oben; hoch**

Desde aquí **arriba** se ve toda la ciudad. — Von hier oben sieht man die ganze Stadt.

abajo *adv opp:* arriba — **unten**

La cocina y el salón están **abajo**; los dormitorios, arriba. — Die Küche und das Wohnzimmer sind unten, die Schlafzimmer sind oben.

BEWEGUNG UND RUHE

moverse *v* ⚠ *irr* 20 — **sich bewegen**
No **me** puedo **mover**. ¡Tengo unas agujetas! — Ich kann mich nicht bewegen. Ich habe einen solchen Muskelkater!

parar *v* — **anhalten**
¿Puede **parar** aquí un momento por favor? Tengo que sacar dinero. — Können Sie hier bitte kurz anhalten? Ich muss Geld abheben.

sentarse *v* ⚠ *irr* 22 — **sich setzen**
Pasa y **siéntate**. ¿Quieres tomar algo? — Komm rein und setz dich. Möchtest du etwas trinken?

subir *v* — **hinaufgehen; hochkommen**
¿Queréis **subir** a mi casa? — Wollt ihr mit hochkommen?

bajar *v* — **hinuntergehen**
Mamá, ¿podemos **bajar** a la calle? — Mama, dürfen wir auf die Straße hinuntergehen?

SCHNELL UND LANGSAM

rápido, a *adj, adv opp:* lento — **schnell**
Hemos ido demasiado **rápido** y por eso nos han puesto una multa. — Wir sind zu schnell gefahren, und deswegen haben wir einen Strafzettel bekommen.

lento, a *adj opp:* rápido — **langsam**
Con esa música no se puede bailar. Es demasiado **lenta**. — Zu dieser Musik kann man nicht tanzen. Sie ist zu langsam.

deprisa *adv syn:* rápido, *opp:* despacio — **schnell**
Hemos acabado de comer muy **deprisa**. — Wir waren sehr schnell mit dem Essen fertig.

despacio *adv opp:* deprisa — **langsam**
¿Puedes hablar un poco más **despacio**? — Kannst du etwas langsamer sprechen?

RICHTUNG

a *prep*	**nach; zu; in; an**
Voy a ir **a** España en tren.	Ich fahre mit dem Zug nach Spanien.
No voy a ir **a** la fiesta de Lucía.	Ich werde nicht zu Lucías Fest gehen.
¿Vamos **a** la playa?	Gehen wir an den Strand?
adónde *adv interrogativo*	**wohin**
¿**Adónde** vas?	Wohin gehst du?
adonde *adv relativo*	**wohin**
Ayer fuimos **adonde** nos llevó Luis la semana pasada.	Gestern sind wir dorthin gefahren, wohin uns Luis letzte Woche mitgenommen hat.
a la derecha *adv opp:* a la izquierda	**rechts**
Perdone, ¿para ir a la plaza Mayor? – Vaya por esta calle **a la derecha**.	Entschuldigen Sie, wo geht es zur Plaza Mayor? – Nehmen Sie diese Straße rechts.
a la izquierda *adv opp:* a la derecha	**links**
¿Dónde hay una cabina telefónica? – Mira, ahí **a la izquierda.**	Wo ist eine Telefonzelle? – Sieh mal, da links.
hacia *prep*	**nach**
Mi despacho está orientado **hacia** el sur.	Mein Arbeitszimmer geht nach Süden.
para *prep*	**nach**
Éste es el camino **para** Navaluenga.	Dies ist der Weg nach Navaluenga.
hasta *prep*	**bis (zu)**
¿Para ir a la estación? Siga por esta calle **hasta** la plaza.	Zum Bahnhof? Da nehmen Sie diese Straße bis zum Platz.

KOMMEN UND GEHEN

venir *v opp:* ir ⚠ *irr* 35	**kommen**
No he podido **venir** antes. Lo siento.	Ich konnte nicht früher kommen. Es tut mir Leid.
llegar *v* ⚠ ***llegue, llegué***	**(an)kommen**
¿A qué hora **llega** tu tren?	Wann kommt dein Zug an?

volver *v syn:* regresar, *opp:* ir ⚠ *irr* 37
No me puedo quedar más. Tengo que **volver** a casa.

zurückkommen, zurückkehren
Ich kann nicht länger bleiben. Ich muss zurück nach Hause.

de *prep*
Acaba de llegar el autobús **de** Santander.

aus
Der Bus aus Santander ist gerade angekommen.

entrar *v opp:* salir
¿Puedo **entrar** un momento?, necesito hablar contigo.

hereinkommen
Kann ich kurz hereinkommen? Ich muss mit dir reden.

ir *v* ⚠ *irr* 17
No podemos **ir** al concierto mañana.
¿Cómo vas a **ir** a Barcelona?, ¿en tren o en avión?

gehen; fahren; fliegen
Wir können morgen nicht ins Konzert gehen.
Wie kommst du nach Barcelona? Fährst du mit dem Zug oder fliegst du?

irse *v syn:* marcharse, *opp:* quedarse ⚠ *irr* 17
Quédate un poco más, no **te vayas** tan temprano.
Ricardo **se fue** muy pronto de la reunión.

weggehen; einen Ort verlassen
Bleib doch noch ein bisschen, geh nicht so früh.
Ricardo hat die Sitzung sehr früh verlassen.

salir *v opp:* entrar ⚠ *irr* 29
¿Puedo **salir** un momento? Tengo que hacer una llamada.

hinausgehen
Kann ich kurz hinausgehen? Ich muss einen Anruf erledigen.

caminar *v syn:* andar
Si quieres, **caminamos** un poco por el jardín.

spazieren gehen, wandern
Wenn du willst, gehen wir ein bisschen im Garten spazieren.

MENGENBEGRIFFE

solamente *adv syn:* sólo
Tengo **solamente** una pregunta.

nur; erst
Ich habe nur eine Frage.

sólo *adv syn:* solamente
Sólo quiero que sepas que eres muy importante para mí.

nur; erst
Ich will nur, dass du weißt, dass du mir sehr wichtig bist.

ℹ Nicht verwechseln mit dem Adjektiv ***solo, a*** (ohne Akzent)!

otro, a *adj* — **noch ein**
Yo quiero **otro** helado, ¿y tú? — Ich will noch ein Eis, und du?

ⓘ Vor ***otro, a*** steht nie der unbestimmte Artikel ***un, una.***

cuánto *adv* — **wie viel**
¿Cuánto es **todo**? — Wie viel macht alles zusammen?

docena *f* — **Dutzend** *n*
Me pone, por favor, una **docena** de huevos. — Geben Sie mir bitte ein Dutzend Eier.

cuarto *m* — **Viertel** *n*
Quería un **cuarto** de jamón serrano. — Ich möchte ein Viertel Serrano-Schinken.

medio, a *adj* — **halb**
¿Nos trae **medio** litro de vino, por favor? — Bringen Sie uns bitte einen halben Liter Wein?

mitad *f* — **Hälfte** *f*
Nos hemos comido ya la **mitad** de la tarta. — Wir haben schon die Hälfte der Torte gegessen.

lleno, a *adj opp:* vacío — **voll**
El autobús estaba tan **lleno** que no pudimos entrar. — Der Bus war so voll, dass wir nicht einsteigen konnten.

vacío, a *adj opp:* lleno — **leer**
¡Qué raro!, este restaurante está hoy muy **vacío**. — Wie seltsam! Dieses Restaurant ist heute sehr leer.

más *adv opp:* menos — **mehr**
En esta sala caben **más** de trescientas personas. — In diesem Saal haben mehr als 300 Personen Platz.
Su última novela es **más** interesante que las otras. — Sein letzter Roman ist interessanter als die anderen.

ⓘ ***No más que*** vor Zahlen bedeutet „nur“: ***No tengo más que cien pesetas*** = ***Sólo tengo cien pesetas***.

mucho, a *adj adv opp:* poco — **viel**
Tengo **muchos** amigos. — Ich habe viele Freunde.
Hemos comido **mucho**, ¿no crees? — Wir haben viel gegessen, meinst du nicht?

todo, a *adj* — **ganz; alle; jede(r, -s)**

He leído **todo** el libro en dos días. — Ich habe das ganze Buch in zwei Tagen gelesen.

Todos mis compañeros han tenido un aumento de sueldo. — Alle meine Kollegen haben eine Gehaltserhöhung bekommen.

par *m* — **Paar, paar, einige**

Me he comprado un **par** de zapatos nuevos. — Ich habe mir ein Paar neue Schuhe gekauft.

Te he traído un **par** de revistas para el viaje. — Ich habe dir ein paar Zeitschriften für die Reise mitgebracht.

un poco *adv opp:* bastante, mucho — **ein bisschen**

No quiero mucha ensalada. Dame sólo **un poco**. — Ich will nicht viel Salat. Gib mir nur ein bisschen.

poco, a *adj opp:* mucho — **wenig**

El televisor estaba en oferta. Nos ha costado **poco**. — Der Fernseher war im Angebot. Er hat wenig gekostet.

menos *adv opp:* más — **weniger**

A partir de ahora voy a trabajar **menos**. — Ab jetzt werde ich weniger arbeiten.

Este hotel es **menos** confortable que el otro. — Dieses Hotel ist nicht so komfortabel wie das andere.

nada *pron, adv opp:* todo — **nichts**

¿Sabes algo de Sara? – No, **nada**. — Weißt du etwas von Sara? – Nein, nichts.

GRUNDZAHLEN

0 cero *m* — **null**

ⓘ Zahlen sind im Spanischen männlich: **el cero, el uno** usw.

1 uno *m* — **eins**

2 dos *m* — **zwei**

3 tres *m* — **drei**

4 cuatro *m*	**vier**
5 cinco *m*	**fünf**
6 seis *m*	**sechs**
7 siete *m*	**sieben**
8 ocho *m*	**acht**
9 nueve *m*	**neun**
10 diez *m*	**zehn**
11 once *m*	**elf**
12 doce *m*	**zwölf**
13 trece *m*	**dreizehn**
14 catorce *m*	**vierzehn**
15 quince *m*	**fünfzehn**
16 dieciséis *m*	**sechzehn**
17 diecisiete *m*	**siebzehn**
18 dieciocho *m*	**achtzehn**
19 diecinueve *m*	**neunzehn**
20 veinte *m*	**zwanzig**
21 veintiuno, a *m*	**einundzwanzig**

ℹ Vor männlichen Substantiven im Singular oder Plural sagt man ***veintiún***.

22 veintidós *m*	**zweiundzwanzig**
30 treinta *m*	**dreißig**

ℹ Zahlen ab 30 werden getrennt geschrieben ***treinta y uno, a***, etc.

40 cuarenta *m*	**vierzig**

50 cincuenta *m*	fünfzig
60 sesenta *m*	sechzig
70 setenta *m*	siebzig
80 ochenta *m*	achtzig
90 noventa *m*	neunzig
100 cien *m*	hundert
101 ciento uno, a	hunderteins
200 doscientos, as	zweihundert
300 trescientos, as	dreihundert
400 cuatrocientos, as	vierhundert
500 quinientos, as	fünfhundert
600 seiscientos, as	sechshundert
700 setecientos, as	siebenhundert
800 ochocientos, as	achthundert
900 novecientos, as	neunhundert
1000 mil	tausend
1001 mil uno, a	tausendeins
2000 dos mil	zweitausend
100.000 cien mil	hunderttausend
500.000 quinientos, as mil	fünfhunderttausend
1.000.000 un millón	eine Million
1.000.000.000 mil millones	eine Milliarde

MASSE UND GEWICHTE

metro *m*
Mi hermano mide un **metro** noventa.

Meter *m*
Mein Bruder ist 1 Meter 90 groß.

centímetro *m*
Esta cómoda mide sesenta **centímetros** de ancho.

Zentimeter *m*
Diese Kommode ist 60 Zentimeter breit.

kilómetro *m*
¿Cuántos **kilómetros** hay de San Sebastián a Bilbao?

Kilometer *m*
Wie viele Kilometer liegen zwischen San Sebastián und Bilbao?

litro *m*
Necesito un **litro** de leche para hacer este bizcocho.

Liter *m*
Ich brauche einen Liter Milch, um diesen Sandkuchen zu backen.

kilo(gramo) *m*
He comprado dos **kilos** de tomates.

Kilo(gramm) *n*
Ich habe zwei Kilo Tomaten gekauft.

gramo *m*
Quería chorizo. Ciento cincuenta **gramos**, por favor.

Gramm *n*
Ich hätte gern Paprikawurst. 150 Gramm bitte.

tonelada *f*
Ese saco de arena pesa más de una **tonelada**.

Tonne *f*
Dieser Sandsack wiegt mehr als eine Tonne.

ORDNUNGSBEGRIFFE

calidad *f*
Nuestros productos son de primera **calidad**.

Qualität *f*
Unsere Produkte sind von bester Qualität.

orden *m*
Las palabras de un diccionario están en **orden** alfabético.

Reihenfolge *f*
Die Wörter eines Wörterbuches stehen in alfabetischer Reihenfolge.

lío *m*
Tengo un **lío** tremendo en mi escritorio.

Durcheinander *n*
Ich habe ein riesiges Durcheinander auf meinem Schreibtisch.

UNTERSCHIED UND EINTEILUNG

trozo *m syn:* pedazo
Dame un **trozo** de tortilla, por favor.

Stück *n*
Gibt mir bitte ein Stück Tortilla.

pedazo *m syn:* trozo
El espejo se cayó y se rompió en mil **pedazos**.

Stück *n*
Der Spiegel ist heruntergefallen und in 1000 Stücke zerbrochen.

pieza *f*
Las **piezas** de recambio de esta lavadora son carísimas.

Teil *n*
Die Ersatzteile für diese Waschmaschine sind sehr teuer.

parte *f*
Podemos dividirnos el trabajo. Tú haces la primera **parte** y yo escribo la segunda.

Teil *n, m*
Wir können uns die Arbeit teilen. Du schreibst den ersten Teil und ich den zweiten.

modelo *m*
Esta carta puede servirnos de **modelo** para las que tenemos que escribir nosotros.

Muster *n;* **Modell** *n*
Dieser Brief kann uns als Muster dienen für die, die wir schreiben müssen.

pero *conj*
Sé quién es **pero** he olvidado su nombre.

aber
Ich weiß, wer es ist, aber ich habe seinen Namen vergessen.

o *conj*
¿Cómo quieres el té?, ¿con leche **o** con limón?

oder
Wie möchtest du den Tee? Mit Milch oder mit Zitrone?

ⓘ Vor Wörtern, die mit „o“ oder „ho“ beginnen wird ***o*** zu ***u***: ***En septiembre u octubre iremos a Ibiza.*** Im September oder Oktober werden wir nach Ibiza fliegen.

sino *conj*
No hemos estado en Austria **sino** en Suiza.

sondern
Wir waren nicht in Österreich, sondern in der Schweiz.

junto, a *adj*
Es mejor que arreglemos la casa **juntos**.

zusammen
Es ist besser, wenn wir die Wohnung zusammen aufräumen.

además (de) *adv, prep* — **außerdem; außer**

El novio de Azucena es simpático, guapo y **además** muy inteligente.
Der Freund von Azucena ist sympathisch, hübsch und außerdem sehr intelligent.

Además de ver la televisión y comer, ¿vas a hacer hoy otra cosa?
Wirst du heute noch etwas anderes tun außer fernzusehen und zu essen?

tan ... como *adv* — **so ... wie**

Comer en España no es siempre **tan** barato **como** se cree.
Essen ist in Spanien nicht immer so billig wie man denkt.

tanto, a ... como *adj* — **so viel ... wie**

No tenemos **tantos** problemas **como** antes.
Wir haben nicht so viele Probleme wie früher.

tanto como *adv* — **so viel**

No puedo comer **tanto como** tú. Me duele el estómago enseguida.
Ich kann nicht so viel essen wie du. Ich kriege sofort Magenschmerzen.

el mismo, la misma *adj* — **gleich**

Éste es **el mismo** vino que tomamos ayer, ¿verdad?
Dies ist der gleiche Wein, den wir gestern getrunken haben, nicht wahr?

lo mismo — **dasselbe, das Gleiche**

Para mí, **lo mismo** por favor.
Für mich das Gleiche bitte.

igual *adj opp:* diferente — **gleich; egal**

Esos abrigos son **iguales**, pero uno es más caro que el otro.
Diese Mäntel sind gleich, aber einer ist teurer als der andere.

Me da **igual** lo que opines.
Was du meinst ist mir egal.

parecido, a *adj* — **ähnlich**

Estos bolsos son **parecidos**.
Diese Taschen sind ähnlich.

resto *m* — **Rest** *m*

Por la mañana fuimos a un museo y el **resto** del día lo pasamos en casa.
Vormittags waren wir in einem Museum und den Rest des Tages haben wir zu Hause verbracht.

diferente *adj syn:* distinto, *opp:* igual — **unterschiedlich**

Somos muy **diferentes**, pero nos entendemos muy bien.
Wir sind sehr unterschiedlich, aber wir verstehen uns sehr gut.

normal *adj* — **normal**

No me parece **normal** tener que gastar tanto dinero en un regalo.

Es ist nicht normal, so viel Geld für ein Geschenk auszugeben.

regular *adj* — **regelmäßig**

Llevo una vida muy **regular**.

Ich führe ein sehr regelmäßiges Leben.

corriente *adj* — **üblich**

En España no es **corriente** desayunar mucho.

In Spanien ist es nicht üblich, viel zu frühstücken.

típico, a *adj* — **typisch**

El ajo y el perejil son ingredientes típicos de la cocina española.

Knoblauch und Petersilie sind typische Zutaten der spanischen Küche.

especial *adj* — **besonders, speziell**

Te he preparado una comida **especial** para tu cumpleaños.

Ich habe ein besonders Essen für deinen Geburtstag vorbereitet.

especialmente *adv* — **besonders, extra**

Me gusta mucho hacer footing. **Especialmente** los domingos por la mañana.

Ich jogge sehr gern. Besonders sonntags vormittags.

ORDNUNGSZAHLEN

$1^{\underline{er}}$ primer — **erste(r, -s)**

__Primer__ steht vor männlichen Substantiven im Singular.

$1^{\underline{o}}$, $1^{\underline{a}}$ primero, a — **erste(r, -s)**

$2^{\underline{o}}$, $2^{\underline{a}}$ segundo, a — **zweite(r, -s)**

$3^{\underline{er}}$ tercer — **dritte(r, -s)**

__Tercer__ steht vor männlichen Substantiven im Singular.

3º, 3ª tercero, a	**dritte(r, -s)**
4º, 4ª cuarto, a	**vierte(r, -s)**
5º, 5ª quinto, a	**fünfte(r, -s)**
6º, 6ª sexto, a	**sechste(r, -s)**
7º, 7ª séptimo, a	**siebte(r, -s)**
8º, 8ª octavo, a	**achte(r, -s)**
9º, 9ª noveno, a	**neunte(r, -s)**
10º, 10ª décimo, a	**zehnte(r, -s)**

URSACHE UND WIRKUNG

por qué *adv*
¿**Por qué** estudias español?

warum
Warum lernst du Spanisch?

porque *conj*
Porque quiero trabajar en Venezuela.

weil
Weil ich in Venezuela arbeiten will.

como *conj*
Como estaba lloviendo no salimos de casa.

da
Da es geregnet hat, sind wir nicht aus dem Haus gegangen.

motivo *m syn:* razón
No comprendo el **motivo** de nuestra discusión.

Grund *m*
Ich verstehe den Grund für unsere Auseinandersetzung nicht.

causa *f syn:* motivo
Entiendo las **causas** de tu decisión.

Grund *m*, **Ursache** *f*
Ich verstehe die Gründe für deine Entscheidung.

resultado *m*
Hemos obtenido muy buenos **resultados**.

Ergebnis *n*
Wir haben gute Ergebnisse erzielt.

ART UND WEISE

modo *m syn:* forma, manera
No me gusta su **modo** de reír.

Art (und Weise) *f*
Seine Art zu lachen gefällt mir nicht.

forma *f syn:* modo, manera
¿Qué te parece la **forma** de ese vestido?

Schnitt *m*; **Form** *f*; **Art (und Weise)** *f*
Wie findest du den Schnitt dieses Kleides?

In den meisten Ausdrücken kann ***manera*** synonym mit ***modo*** und ***forma*** verwendet werden.

cómo *adv*
¿**Cómo** está tu familia?

wie
Wie gehts deiner Familie?

como *adv*
Hice el ejercicio **como** me indicó el profesor.

wie
Ich habe die Übung gemacht, wie der Lehrer sie mir erklärt hat.

así *adv*
Así está bien.

so
So ist es gut.

de esta manera *adv syn:* así
Y **de esta manera** conseguimos ganar el partido.

auf diese Art (und Weise), so
Und so konnten wir das Spiel gewinnen.

o sea *syn:* es decir
Necesitamos dinero para el billete de vuelta; **o sea**, no podemos gastarnos más ahora.

das heißt
Wir brauchen Geld für die Rückfahrkarte, das heißt, wir können jetzt nichts mehr ausgeben.

es decir *syn:* o sea
El libro tiene doscientas diez páginas, pero el máximo deben ser doscientas; **es decir**, tenemos que acortar diez.

das heißt
Das Buch hat 210 Seiten, aber es darf maximal einen Umfang von 200 Seiten haben; das heißt, wir müssen es um 10 Seiten kürzen.

no ... nada *adv*
No me parece **nada** bien que vuelvas tan tarde.

überhaupt nicht
Ich finde es überhaupt nicht gut, dass du so spät zurückkommst.

algo de *adv syn:* un poco — **ein bisschen**
Tengo **algo de** hambre. ¿Hay **algo de** comer? — Ich habe ein wenig Hunger. Gibt es etwas zu essen?

poco *adv* — **kaum, wenig**
Luisa habla muy **poco**. — Luisa spricht sehr wenig.

más o menos *adv* — **mehr oder weniger; ungefähr; einigermaßen**
Estaremos en Ecuador **más o menos** un mes. — Wir werden ungefähr einen Monat in Ecuador sein.
¿Te gusta la clase de español? – **Más o menos**. — Gefällt dir der Spanischkurs? – Einigermaßen.

casi *adv* — **fast**
Gloria tiene **casi** la misma edad que yo. — Gloria hat fast das gleiche Alter wie ich.

bastante *adv* — **ziemlich; ziemlich viel; genug**
Es **bastante** difícil conseguir un puesto en esa empresa. — Es ist ziemlich schwer, in dieser Firma eine Stelle zu bekommen.

ⓘ ***Bastante*** mit Adjektiv heißt „ziemlich", mit Verb heißt es „ziemlich viel".

muy *adv* — **sehr**
Eres **muy** exigente, ¿no? — Du bist sehr anspruchvoll, nicht wahr?

ⓘ ***Muy*** wird mit Adverbien und Adjektiven verwendet.

mucho *adv* — **viel, sehr**
Me gusta **mucho** la comida china. — Chinesisches Essen schmeckt mir sehr gut.

ⓘ Das Adverb ***mucho*** ist unveränderlich und steht nach dem Verb. Nach einer Frage steht ***mucho*** auch allein, wenn das Adjektiv oder das Verb, auf das es sich bezieht, in der Antwort nicht wiederholt wird: ***¿Te gusta? – Sí, mucho.*** Gefällt es dir? – Ja, sehr. ***¿Estás muy nervioso? – No, no mucho.*** Bist du sehr nervös? – Nein, nicht sehr.

demasiado *adv* — **zu (viel)**
Estamos **demasiado** lejos de mi casa como para ir a pie. — Wir sind zu weit weg von meiner Wohnung, um zu Fuß gehen zu können.

tanto *adv* — **so viel**

¿Por qué te quejas **tanto** de todo? — Warum jammerst du so viel über alles?

tan *adv* — **so**

Estoy **tan** nervioso que no puedo pensar bien. — Ich bin so nervös, dass ich nicht richtig denken kann.

todo *adj opp:* nada — **alles**

Elena lo hace **todo** bien. Es perfecta. — Elena macht alles gut. Sie ist perfekt.

también *adv* — **auch**

Yo **también** quiero estudiar en España. — Ich will auch in Spanien studieren.

tampoco *adv* — **auch nicht**

Yo no leo nunca novelas policíacas. – Yo **tampoco**. — Ich lese nie Krimis. – Ich auch nicht.

totalmente *adv* *syn:* completamente — **völlig**

Estoy **totalmente** de acuerdo contigo. — Ich bin mit dir völlig einer Meinung.

sobre todo *adv* — **vor allem**

El examen ha sido muy difícil. **Sobre todo** la última pregunta. — Die Prüfung war sehr schwierig. Vor allem die letzte Frage.

sin embargo *conj* — **trotzdem**

No le gustan mucho las Matemáticas y **sin embargo** quiere ser ingeniero. — Er mag Mathematik nicht, trotzdem will er Ingenieur werden.

aunque *conj* — **obwohl; selbst wenn, auch wenn**

Aunque no nos veamos nunca, somos muy buenas amigas. — Obwohl wir uns selten sehen, sind wir sehr gute Freundinnen.

ⓘ In einem Indikativsatz bedeutet ***aunque*** „obwohl" und in einem Konjunktivsatz bedeutet es „selbst/auch wenn".

si no *conj* — **wenn nicht; sonst**

Si no puedo echar hoy la carta, la echaré mañana. — Wenn ich heute den Brief nicht einwerfen kann, werde ich ihn morgen einwerfen.

FARBEN

color *m*
¿De qué **color** has comprado el jersey para Dolores?

Farbe *f*
Welche Farbe hat der Pulli, den du Dolores gekauft hast?

blanco, a *adj opp:* negro
El **blanco** va bien con todo.

weiß
Weiß passt zu allem.

negro, a *adj opp:* blanco
Ese vestido **negro** es realmente muy elegante.

schwarz
Diese schwarze Kleid ist wirklich sehr elegant.

rojo, a *adj*
¿Tienen esta camiseta en **rojo**?

rot
Haben Sie dieses T-Shirt in Rot?

azul *adj*
El color **azul** te sienta muy bien.

blau
Blau steht dir sehr gut.

verde *adj*
La hija de Marta tiene los ojos **verdes**.

grün
Martas Tochter hat grüne Augen.

amarillo, a *adj*
Quiero pintar las paredes de la cocina de **amarillo**.

gelb
Ich will die Küchenwände gelb streichen.

marrón *adj* ⚠ *pl* ***marrones***
Hoy me voy a poner los zapatos **marrones**.

braun
Heute ziehe ich die braunen Schuhe an.

ⓘ ***Marrón*** bezieht sich auf Sachen, für die Haar- und Hautfarbe verwendet man ***moreno, -a.***

gris *adj*
Va a haber una tormenta. El cielo está muy **gris**.

grau
Es kommt ein Gewitter. Der Himmel ist sehr grau.

rosa *adj*
Esa blusa **rosa** te quedará muy bien con los pantalones negros.

rosa
Diese rosa Bluse passt bestimmt sehr gut zu deiner schwarzen Hose.

ⓘ Farbadjektive, die von einem Substantiv abgeleitet sind wie ***rosa, violeta, naranja*** etc, bleiben im Singular und Plural unverändert.

violeta *adj*
No me gusta la falda **violeta** de Olga.

violett
Olgas violetter Rock gefällt mir nicht.

FORMEN

forma *f*
Este jarrón tiene una **forma** muy bonita.

Form *f*
Diese Vase hat eine sehr schöne Form.

línea *f*
Con este programa puedes introducir **líneas** y gráficos en un texto.

Linie *f*
Mit diesem Programm kannst du Linien und Grafiken in einen Text einbinden.

círculo *m*
Levantaos y poneos en **círculo**.

Kreis *m*
Steht auf und stellt euch in einem Kreis auf.

redondo, a *adj*
Vamos a poner una mesa **redonda** en el comedor.

rund
Wir werden einen runden Tisch ins Esszimmer stellen.

cuadrado, a *adj*
Necesito un espejo **cuadrado** para el baño.

viereckig, quadratisch
Ich brauche einen quadratischen Spiegel für das Badezimmer.

ARTIKEL

un, una *art* ⚠ *pl* ***unos, unas***

ein, eine; ein paar, ein Paar
(im Plural wird es oft nicht übersetzt)

Enfrente de la casa hay **un** naranjo.
Te he traído de España **unos** libros en español.

Vor dem Haus steht ein Orangenbaum.
Ich habe dir aus Spanien ein paar Bücher auf Spanisch mitgebracht.

Tengo que comprarme **unos** zapatos nuevos.

Ich muss mir neue Schuhe kaufen.

uno, una *pron* ⚠ *pl* ***unos, unas*** — **einer, eine, eines; welche**

¿Hay un bar por aquí cerca? – Sí, hay **uno** en la calle del Puerto. — Gibt es hier in der Nähe ein Café? – Ja, es gibt eins auf der Hafenstraße.

ⓘ ***uno, una*** wird hier allein stehend benützt, ***uno*** bezieht sich auf ein männliches, ***una*** auf ein weibliches Substantiv.

el, la *art* ⚠ *pl* ***los, las*** — **der, die, das**

El colegio de mis hijos está cerca de casa. — Die Schule meiner Kinder ist ganz in der Nähe.

lo *art* — **das, es**

Lo difícil del español no es la pronunciación sino la gramática. Sobre todo los verbos. — Das Schwierige am Spanischen ist nicht die Aussprache, sondern die Grammatik. Vor allem die Verben.

ⓘ Mit ***lo*** lassen sich Adjektive, Possessiv- und Indefinitpronomen, einige Ordnungszahlen (vor allem ***primero***), Partizipien und sogar Adverbien substantivieren, wenn diese Wortarten in allgemeiner oder abstrakter Bedeutung verwendet werden.

PRONOMEN

yo *pron* — **ich**

¿Sois españolas? – **Yo**, sí, de Madrid. – **Yo**, no. — Seid Ihr Spanierinnen? – Ich ja, aus Madrid. – Ich nicht.

ⓘ Die Subjektpronomen werden nur dann verwendet, wenn sie zur Unterscheidung verschiedener Personen oder für ihre Hervorhebung notwendig sind. Subjektpronomen können auch manchmal nach dem Verb stehen: ***Abre, soy yo.*** Mach die Tür auf, ich bins.

me *pron* — **mir; mich** *(Dativ, Akkusativ und reflexiv)*

Me gusta mucho esta novela. — Dieser Roman gefällt mir gut.

¿**Me** quieres? — Liebst du mich?

Los domingos **me** levanto más tarde que el resto de los días. — Sonntags stehe ich später auf als an den anderen Tagen.

tú *pron* — **du**

Tú eres Rocío Sánchez, ¿verdad? – No, soy su hermana. — Du bist Rocío Sánchez, nicht wahr? – Nein, ich bin ihre Schwester.

ⓘ In einigen Ländern Lateinamerikas wird bei familiärer Anrede ***vos*** statt ***tú*** benützt.

te *pron* — **dir; dich** *(Dativ, Akkusativ und reflexiv)*

Ese vestido **te** queda muy bien. — Dieses Kleid steht dir sehr gut.

Te vi ayer por la calle, pero estabas muy lejos. — Ich habe dich gestern auf der Straße gesehen, aber du warst sehr weit weg.

¿Cómo **te** llamas? — Wie heißt du?

él, ella *pron* — **er, sie**

¿A qué os dedicáis? – Yo soy informática y **él** es periodista. — Was macht ihr von Beruf? – Ich bin Informatikerin und er ist Journalist.

le *pron* ⚠ *pl* ***les*** — **ihm; ihr; Ihnen** *(Dativ)*

A Fernando **le** queremos regalar una guía de Cataluña. — Fernando wollen wir einen Katalonienführer schenken.

¿**Le** has dado a tu marido la noticia? – No, no **le** he dicho nada. **Se** lo diré mañana. — Hast du deinem Mann die Nachricht übermittelt? – Nein, ich habe ihm noch nichts gesagt. Ich sage es ihm morgen.

ⓘ Stehen zwei Pronomen (Dativ und Akkusativ) zusammen, wird der Dativ ***le*** zu ***se***, da es die Kombination „le lo" und „le la" nicht gibt: ***(el libro) se lo doy a él; (la casete) se la doy a él***.

lo, la *pron* ⚠ *pl* ***los, las*** — **ihn; sie; es; Sie** *(Akkusativ)*

¡Qué mesa tan bonita!, ¿dónde **la** has comprado? — Was für ein schöner Tisch! Wo hast du ihn gekauft?

No **lo/le** conozco. — Ich kenne ihn nicht.

ⓘ In Spanien benützt man für die männliche Form der 3. Person Singular im Akkusativ ***le*** oder ***lo***.

lo *pron* — **es** *(Akkusativ)*

¿Quién es el autor de „Campos de Castilla"? – No **lo** sé. — Wer ist der Autor von „Campos de Castilla"? – Ich weiß es nicht.

usted *pron* ⚠ *pl* ***ustedes*** — **Sie** *(Nominativ Höflichkeitsform)*

¿Qué tal está **usted**, señora Romero? — Wie geht es Ihnen, Frau Romero?

ⓘ Bei ***usted, ustedes*** steht das Verb in der 3. Person Singular bzw. Plural. Schriftliche Abkürzungen für ***usted/ustedes*** sind ***Ud./Uds.*** und ***Vd./Vds.*** In Lateinamerika wird auch für Personen, die man duzt, meistens ***ustedes*** anstatt ***vosotros, vosotras*** verwendet. Akkusativ- und Dativformen entsprechen denen der 3. Person Singular bzw. Plural.

se *pron* — **sich; ihm, ihr; ihnen; Ihnen** *(reflexiv und Dativ)*

Manolo **se** interesa mucho por la informática. — Manolo interessiert sich sehr für Informatik.

¿Le has dado ya el disquete a Felipe? – Sí, **se** lo di ayer. — Hast du Felipe schon die Diskette gegeben? – Ja, ich habe sie ihm gestern gegeben.

ⓘ ***Le, les*** wird hier durch ***se*** ersetzt, denn es treffen zwei Personalpronomen (im Dativ und Akkusativ) zusammen (vgl. ***le***).

nosotros, nosotras *pron* — **wir**

Nosotros también queremos decir algo. — Wir wollen auch etwas sagen.

nos *pron* — **uns** *(Dativ, Akkusativ und reflexiv)*

¿**Nos** puede traer un poco más de pan, por favor? — Können Sie uns bitte noch etwas Brot bringen?

Nos ha visto pero no **nos** ha reconocido. — Er hat uns gesehen, aber hat uns nicht erkannt.

En la fiesta de la empresa **nos** aburrimos muchísimo. — Auf der Betriebsfeier haben wir uns sehr gelangweilt.

vosotros, vosotras *pron* — **ihr**

Vosotras sois las amigas de Pedro, ¿no? — Ihr seid die Freundinnen von Pedro, nicht wahr?

os *pron* — **euch** *(Dativ, Akkusativ und reflexiv)*

Os he traído un recuerdo de Toledo. — Ich habe euch ein Souvenir aus Toledo mitgebracht.

Os hemos oído llegar. — Wir haben euch ankommen hören.

¿**Os** habéis lavado bien los dientes? — Habt ihr euch die Zähne gründlich geputzt?

ellos, ellas *pron* — **sie** *(Nominativ, Dativ)*

Nosotros queremos ir al museo, pero **ellos** quieren ir de compras. — Wir wollen ins Museum gehen, aber sie möchten einkaufen gehen.

No me gusta comer con **ellas**. No hacen más que hablar. — Ich esse nicht gern mit ihnen. Sie reden die ganze Zeit.

les *pron* — **ihnen** *(Dativ);* **Ihnen** *(Plural)*

Da**les** a tus padres muchos recuerdos de mi parte. — Richte deinen Eltern viele Grüße von mir aus.

los, les, las *pron* — **sie** *(Akkusativ)*

¿Conoces a mis padres? – No, no **los** conozco. — Kennst du meine Eltern? – Nein, ich kenne sie nicht.

ⓘ Bei Männern kann man entweder ***les*** oder ***los*** sagen, bei Dingen nur ***los***.

mí *pron* — **mir; mich**

A **mí** no me importa tomar el café frío. — Mir macht es nichts aus, den Kaffee kalt zu trinken.

ⓘ Im Spanischen kann ein Satz zwei Pronomen mit der gleichen Funktion enthalten, z. B. ***a mí me/a ti te/a ellos les*** etc., um Missverständnisse zu vermeiden oder Personen hervorzuheben.

conmigo *pron* — **mit mir**

¿Quieres venir **conmigo** a la exposición de Manuel? — Willst du mit mir in Manuels Ausstellung kommen?

ti *pron* — **dir; dich**

¿Y esas flores? – Son para **ti**. — Und diese Blumen? – Sind für dich.

ⓘ Die betonten Pronomen stehen meist mit unbetonten Pronomen und werden immer in Verbindung mit einer Präposition verwendet. Nach den Präpositionen ***entre, menos, excepto, según, salvo*** steht das Pronomen im Nominativ. ***No hay ningún malentendido entre tú y yo.*** Es gibt keine Missverständnisse zwischen dir und mir.

contigo *pron* — **mit dir**

No puedo ir mañana **contigo** al médico. — Ich kann morgen nicht mit dir zum Arzt gehen.

él, ella *pron* — **ihm, ihr; ihn, sie**

Tenemos que hablar con **él**. — Wir müssen mit ihm reden.

sí *pron* — **sich** *(reflexiv, Dativ und Akkusativ)*

Alicia debería pensar más en **sí** misma. — Alicia sollte mehr an sich selbst denken.

consigo *pron* — **mit sich; bei sich**

Le paró un policía y tuvo problemas porque no llevaba el carné de conducir **consigo**. — Ein Polizist hat ihn angehalten und er hat Probleme bekommen, weil er den Führerschein nicht bei sich hatte.

usted *pron* ⚠ *pl* ***ustedes*** — **Ihnen; Sie** *(Dativ und Akkusativ)*

¿Es de **ustedes** este abrigo? — Gehört Ihnen dieser Mantel?

nosotros, nosotras *pron* — **uns** *(Dativ und Akkusativ)*

¿Os molesta la música? – No, a **nosotros** no nos molesta. — Stört euch die Musik? – Nein, uns stört sie nicht.

vosotros, vosotras *pron* — **euch** *(Dativ und Akkusativ)*

¿Puedo ir con **vosotros** al teatro? — Darf ich mit euch ins Theater gehen?

ellos, ellas *pron* — **ihnen; sie** *(Dativ und Akkusativ)*

Para **ellas** el trabajo es lo más importante. — Für sie ist die Arbeit das Wichtigste.

---

mi *pron* ⚠ *pl* ***mis*** — **mein, meine**

Mira, Eugenia, éste es **mi** marido. – Hola, ¿qué tal? — Eugenia, das ist mein Mann. – Hallo.

tu *pron* ⚠ *pl* ***tus*** — **dein, deine**

Tu perro está demasiado gordo, ¿no crees? — Dein Hund ist zu dick, meinst du nicht?

su *pron* ⚠ *pl* ***sus*** — **sein, seine; ihr, ihre; Ihr, Ihre**

Pedro le ha comprado un anillo a **su** novia. — Pedro hat seiner Freundin einen Ring gekauft.

Su vecina le riega las plantas cuando ella está de viaje. — Ihre Nachbarin gießt ihre Pflanzen, wenn sie verreist ist.

Me puede decir **su** nombre, ¿por favor? — Können Sie mir bitte Ihren Namen sagen?

ⓘ ***Su coche*** kann heißen: „sein Auto", „ihr Auto", „Ihr Auto", „ihr (gemeinsames) Auto".

nuestro, nuestra *pron* ⚠ *pl* ***nuestros, nuestras*** — **unser, unsere**

Ayer llegaron **nuestros** amigos peruanos. — Gestern sind unsere peruanische Freunde angekommen.

vuestro, vuestra *pron* ⚠ *pl* ***vuestros, vuestras*** — **euer, eure**

¡Qué mayor está **vuestro** hijo! — Euer Sohn ist aber groß geworden!

mío, mía *pron* ⚠ *pl* ***míos, mías*** — **meiner, meine, meines**

¿Quiénes son esos señores? – Unos conocidos **míos**. — Wer sind diese Herren? – Das sind Bekannte von mir.

¿De quién es este periódico? – Es **mío**. — Wem gehört diese Zeitung? – Mir.

ⓘ Die betonten Possessivpronomen stehen allein oder nach dem Substantiv. Das Verb ***ser*** mit einem Possessivpronomen ohne Artikel bedeutet „gehören“: ***Ese bolígrafo es mío.*** Dieser Kugelschreiber gehört mir.

tuyo, tuya *pron* ⚠ *pl* ***tuyos, tuyas*** — **deiner, deine, deines**

¡Qué casualidad! El pañuelo que lleva Antonia es igual que el **tuyo**. — Was für ein Zufall! Das Halstuch, das Antonia trägt, sieht aus wie deines.

ⓘ Die betonten Possessivpronomen werden in Verbindung mit dem Artikel substantivisch gebraucht, ***el tuyo*** der/die/das Deine.

suyo, suya *pron* ⚠ *pl* ***suyos, suyas*** — **seiner, seine, seines; ihrer, ihre, ihres; Ihrer, Ihre, Ihres**

¿Con quién ha venido Raquel a la fiesta? – Con unos amigos **suyos**. — Mit wem ist Raquel auf das Fest gekommen? – Mit Freunden von ihr.

nuestro, nuestra *pron* — **unserer, unsere, unseres**

Ahí está **nuestro** coche. – ¿Y el **nuestro**? — Da ist unser Auto. – Und wo ist unseres?

vuestro, vuestra *pron* — **eurer, eure, eures**

Perdona, ¿ese libro es **vuestro**, o lo habéis encontrado por aquí? — Entschuldige, gehört das Buch da euch oder habt ihr es hier gefunden?

---

este, esta *pron* ⚠ *pl* ***estos, estas*** — **dieser, diese, dieses**

Esta bufanda me la ha regalado mi madre. — Diesen Schal hat mir meine Mutter geschenkt.

Es ist möglich, aber nicht zwingend, Demonstrativpronomen wie ***este, aquel*** etc, denen kein Substantiv folgt, zur Verdeutlichung mit Akzent zu schreiben: ***¿Cuál de los dos libros prefieres? – Me gusta más éste.*** Welches der beiden Bücher magst du lieber? – Mir gefällt das Buch hier besser. ***este/a/os/as*** beziehen sich auf alles, was sich in der unmittelbaren Nähe des Sprechenden befindet. Das entsprechende Adverb ist ***aquí***.

esto *pron* — **das, dieses**

Yo no he pedido **esto**. Yo he pedido una sopa de verduras. — Ich habe das nicht bestellt. Ich habe eine Gemüsesuppe bestellt.

Esto, eso, aquello stehen immer allein.

ese, esa *pron* ⚠ *pl* ***esos, esas*** — **diese(r, -s) da**

¿Quién es **ese** chico de ahí tan alto? — Wer ist dieser große Typ da?

Ese/a/os/as beziehen sich auf alles, was zwar in der Nähe des Sprechenden, aber nicht greifbar ist. Das entsprechende Adverb ist ***ahí***.

eso *pron* — **das da, dieses da**

¿Qué es **eso** que tienes en la mano? — Was ist das, was du da in der Hand hast?

aquel, aquella *pron* ⚠ *pl* ***aquellos, aquellas*** — **jener, jene, jenes; der/die/das (dort)** → este

¿Ves **aquel** edificio? Es de Gaudí. — Siehst du das Gebäude dort? Es ist von Gaudí.

En **aquella** casa hemos vivido tres años. — In dem Haus dort haben wir drei Jahre gewohnt.

Aquel/lla/llos/llas beziehen sich auf alles, was weder in der Nähe des Sprechenden noch des Angesprochenen liegt. Die entsprechenden Adverbien sind ***allí***, ***allá***.

aquello *pron* — **jenes, das (dort)**

Aquello que se ve allí, ¿son las nubes o es el mar? — Das, was man dort sieht, sind das Wolken oder ist das das Meer?

---

el que, la que *pron* ⚠ *pl* ***los que, las que*** — **der, die, das**

Acaba de pasar delante de nosotros el chico con **el que** estuvimos hablando ayer. — Gerade ist der Typ an uns vorbei gegangen, mit dem wir gestern geredet haben.

lo que *pron* No sabemos **lo que** queremos hacer.	**das, was** Wir wissen nicht, was wir tun wollen.
que *pron* Germán desayuna siempre en una cafetería **que** está cerca del trabajo.	**der, die, das** Germán frühstückt immer in einem Café, das in der Nähe seiner Arbeit liegt.
quien *pron* ⚠ *pl* ***quienes*** Ha sido ella **quien** tuvo la idea de venir.	**der, die, das** Sie war diejenige, die die Idee hatte, hierher zu kommen.
cuyo, cuya *pron* ⚠ *pl* ***cuyos, cuyas*** El poeta, algunas de **cuyas** poesías se leerán hoy, ha ganado un premio.	**dessen, deren** Der Dichter, von dessen Gedichten heute einige vorgelesen werden, hat einen Preis gewonnen.

lo cual *pron* Este año hemos tenido pérdidas importantes. **Lo cual** me hace tomar medidas serias.	**was** Dieses Jahr haben wir einen erheblichen Verlust gehabt, was mich dazu veranlasst, ernste Maßnahmen zu ergreifen.
qué *pron* ¿**Qué** te pasa?	**was** Was hast du?

ⓘ Bei indirekten Fragen steht ***qué*** auch mit Akzent. ***qué*** bezieht sich in der Regel auf Sachen, selten auf Personen: ***¿Qué persona haría una cosa así?*** Wer würde so etwas machen? ***qué*** ist unveränderlich.

quién *pron* ⚠ *pl* ***quiénes*** Han llamado a la puerta. ¿**Quién** será?	**wer** Es hat geläutet. Wer ist das wohl?

ⓘ ***Quien/es, quién/es*** beziehen sich ausschließlich auf Personen.

cuál *pron* ⚠ *pl* ***cuáles*** Te puedo dejar uno de estos dos jerseys. ¿**Cuál** prefieres?	**welcher, welche, welches** Ich kann dir einen von diesen beiden Pullovern geben. Welchen möchtest du lieber?

ⓘ ***Cuál, cuáles*** bezeichnen eine Auswahl unter mehreren Personen oder Sachen und wird, im Unterschied zu ***qué***, meist ohne Substantiv gebraucht.

mismo, a *adj* — **selbst**

Trabajó durante unos años y se compró ella **misma** la casa.

Sie hat ein paar Jahre lang gearbeitet und hat sich das Haus selbst gekauft.

alguien *pron opp:* nadie — **jemand**

¿Me ha llamado **alguien**?

Hat mich jemand angerufen?

algún, alguna *pron* ⚠ *pl* ***algunos, algunas*** — **irgendeine(r, -s)**

¿Has estado **alguna** vez en España?

Warst du irgendwann einmal in Spanien?

alguno, alguna *pron opp:* ninguno, ninguna — **einer, eine, eines**

Alguno de ellos tendrá la dirección de Paco.

Einer von ihnen wird wohl die Adresse von Paco haben.

ningún, ninguna *pron opp:* algún, alguna — **kein(e)**

No tengo **ninguna** posibilidad de aprobar el examen.

Ich habe keine Möglichkeit, die Prüfung zu bestehen.

ninguno, ninguna *pron* — **keiner, keine, keines**

¿Conoces a los hermanos de Pilar? – No, no conozco a **ninguno** de ellos.

Kennst du die Brüder von Pilar? – Nein, ich kenne keinen von ihnen.

nadie *pron opp:* alguien — **niemand**

En este pueblo no hay casi **nadie** en la calle a partir de las ocho de la tarde.

In diesem Dorf ist nach 20 Uhr fast niemand mehr auf der Straße.

cualquiera *pron* — **jeder, jede, jedes; irgendjemand; irgendein(e)**

→ cualquier

Siga por esta calle y pregúntele a alguien. **Cualquiera** le dirá dónde está correos.

Gehen Sie diese Straße weiter und fragen Sie irgendjemanden. Jeder wird Ihnen sagen können, wo die Post ist.

cualquier *adj* — **jeder, jede, jedes**

Cualquier profesor de español sabe explicar la diferencia entre ser y estar.

Jeder Spanischlehrer kann den Unterschied zwischen ser und estar erklären.

ⓘ ***cualquiera*** wird vor Substantiven zu ***cualquier***.

cada uno, cada una *pron* — **jede(r, -s) einzelne**
Cada uno debe recoger sus cosas. — Jeder muss seine Sachen selbst aufräumen.

cada *pron* — **jede(r, -s)**
Cada día me pasan cosas interesantes en este país. — Jeden Tag passieren mir interessante Sachen in diesem Land.

uno, una *pron* — **man**
Uno no puede quejarse siempre de todo. — Man kann sich nicht immer über alles beschweren.

se *pron* — **man**
En este restaurante **se** come realmente bien. — In diesem Restaurant isst man wirklich gut.

WEITERE PRÄPOSITIONEN, KONJUNKTIONEN UND ADVERBIEN

a *prep* — **nach; zu; mit**
¿Vamos **a** pie o cogemos mejor el coche? — Gehen wir zu Fuß oder nehmen wir lieber das Auto?
Para ir **al** Museo tienen que cruzar la plaza y girar **a** la derecha. — Um zum Museum zu kommen, müssen Sie den Platz überqueren und nach rechts abbiegen.

ⓘ ***A + el*** wird zu ***al***. Das direkte Objekt wird, wenn es sich um Personen handelt, mit ***a*** angeschlossen: ***¿Conoces a mi amigo José?*** Kennst du meinen Freund José?

de *prep* — **von; aus**
¿**De** dónde eres, Melina? – **De** Grecia. — Wo kommst du her, Melina? – Aus Griechenland.
Me pone por favor un kilo **de** azúcar y un paquete **de** espaguetis. — Geben Sie mir bitte ein Kilo Zucker und eine Packung Spaghetti.
Mi hermana está también en la foto. La chica **de** rojo. — Meine Schwester ist auch auf dem Foto. Das Mädchen in Rot.
De niña me gustaba mucho jugar con la arena. — Als Kind habe ich gerne im Sand gespielt.

ⓘ ***De + el*** wird zu ***del***.

con *prep*	**mit**
El café lo tomo **con** azúcar.	Kaffee trinke ich mit Zucker.
¿**Con** qué has lavado el coche? Está limpísimo.	Womit hast du das Auto gewaschen? Es ist sehr sauber.
en *prep*	**in; mit; auf**
En abril vamos a ir a Sevilla.	Im April fahren wir nach Sevilla.
No me gusta ir **en** tren. Se tarda mucho. Prefiero ir **en** avión.	Ich fahre nicht gern mit dem Zug. Das dauert so lang. Ich fliege lieber.
¿Puedes escribir la carta **en** español?	Kannst du den Brief auf Spanisch schreiben?
para *prep*	**für; um zu**
Esto es **para** ti. ¡Ábrelo!	Das ist für dich. Mach es auf!
Mejor dejamos la reunión **para** otro día.	Lieber verschieben wir die Besprechung auf einen anderen Tag.
Voy a ir a la playa **para** tomar un poco el sol.	Ich gehe an den Strand, um mich zu sonnen.
¿Tienes ya algo pensado **para** las próximas Navidades?	Hast du für das nächste Weihnachtsfest schon etwas vor?
por *prep*	**für; wegen; per; durch; von**
Mándeme la confirmación **por** fax.	Schicken Sie mir die Bestätigung per Fax.
No pueden pasar **por** esta calle. Está cortada.	Sie dürfen nicht durch diese Straße gehen. Sie ist gesperrt.
El centro cultural fue inaugurado **por** el alcalde.	Das Kulturzentrum wurde vom Bürgermeister eröffnet.
No lo hago **por** ti, sino **por** mí.	Ich tue das nicht deinetwegen, sondern meinetwegen.

ⓘ ***Por una persona*** in der Bedeutung *für jemanden* betont die Ursache, weswegen man etwas macht, ***para una persona*** *für jemanden* beschreibt, für wen etwas bestimmt ist. Bei Zeitangaben steht ***por*** für einen ungefähren (langen) Zeitraum, während ***para*** für einen genauen Zeitpunkt verwendet wird.

sin *prep*	**ohne**
¿Quiere el agua con gas o **sin** gas?	Wollen Sie das Wasser mit oder ohne Kohlensäure?
que *conj*	**dass**
Creo **que** voy a conseguir la beca.	Ich glaube, dass ich das Stipendium bekommen werde.

si *conj* — **ob; wenn**

No sé **si** nos podremos ver pronto. — Ich weiß nicht, ob wir uns bald sehen können.

Si quieres, te ayudo a pintar el piso. — Wenn du willst, helfe ich dir, die Wohnung zu streichen.

sobre *prep* — **über**

Tengo que hablar con mi jefe **sobre** mis vacaciones. — Ich muss mit meinem Chef über meinen Urlaub sprechen.

según *prep* — **(der Ansicht) nach, gemäß**

Según tú, nuestros vecinos son muy tacaños. — Deiner Ansicht nach sind unsere Nachbarn sehr geizig.

según *adv* — **je nachdem**

¿Te gusta el cine español? – Bueno, **según**. — Gefällt dir das spanische Kino? – Naja, je nachdem.

pues *conj* — **also** *(Füllwort);* **dann, daraufhin**

¿Con quién vas a salir esta noche? – **Pues** ... con unos amigos .... — Mit wem gehst du heute aus? – Also ..., mit ein paar Freunden.

ⓘ ***Pues*** wird vor allem in der gesprochenen Sprache benützt. Oft ist es ein Füllwort, z. B. wenn man zögert. Man sagt es auch, wenn man einen Lösungsvorschlag machen will, oder wenn man das Gegenteil erwidert, oder wenn man zu verstehen gibt, dass etwas schief gelaufen ist. ***Pues*** wird ganz unterschiedlich verwendet und wechselt seine Bedeutung je nach „Tonlage" und Inhalt des Gesagten.

HILFS- UND MODALVERBEN

estar *v* ⚠ *irr* 13 — **sein; sich (gesundheitlich/örtlich) befinden** → hay

ⓘ S. 158

¿Qué tal **estás**? — Wie gehts dir?

Estoy cansada. Me acuesto. — Ich bin müde. Ich gehe ins Bett.

¿**Está** muy lejos el aeropuerto de la ciudad? — Ist der Flughafen sehr weit von der Stadt entfernt?

Estoy estudiando mucho para el examen. — Ich lerne gerade viel für die Prüfung.

ser *v* ⚠ *irr* 31 — **sein**

¿Qué **es** esto? – Un reloj.	Was ist das? – Eine Uhr.
¿**Es** usted el padre de Carlitos? – Sí, **soy** yo.	Sind Sie der Vater von Carlitos? – Ja, der bin ich.
Rosalía **es** de La Coruña.	Rosalía kommt aus La Coruña.
Mis dos hermanas **son** abogadas.	Meine beide Schwestern sind Anwältinnen.
La reunión **será** en la sala 4.	Die Sitzung wird in Saal 4 stattfinden.
¿Qué hora **es**? – Las tres.	Wie spät ist es? – Drei Uhr.
¡Qué vestido tan precioso!, ¿**es** de seda?	Was für ein wunderschönes Kleid! Ist es aus Seide?
Tenemos que irnos. **Es** tarde.	Wir müssen gehen. Es ist spät.

poder *v* ⚠ *irr* 24 — **können; dürfen** → saber S. 13

¿**Puedes** hablar más alto?	Kannst du lauter sprechen?
No **puedo** comer mucho. Me lo ha prohibido el médico.	Ich darf nicht viel essen. Der Arzt hat es mir verboten.

haber *v* ⚠ *irr* 14 — **haben**

He perdido el autobús.	Ich habe den Bus verpasst.
Habéis llegado muy temprano.	Ich seid sehr früh angekommen.

ⓘ ***Haber*** wird hauptsächlich als Hilfsverb zur Bildung der zusammengesetzten Zeiten benützt, also für das Perfekt (Indikativ und Konjunktiv): ***he sido, haya sido***; das Plusquamperfekt (Indikativ und Konjunktiv): ***había dormido, hubiera dormido***; den Konditional: ***habría cantado***; das Futur II: ***habré puesto***.

hay *v* ⚠ *irr* 16 — **es gibt; es ist/sind; es befindet/befinden sich** → estar S. 157

¿**Hay** un buen restaurante en este barrio?	Gibt es in diesem Stadtviertel ein gutes Restaurant?
No **hay** nadie en casa.	Es ist niemand zu Hause.

ⓘ ***Hay*** wird benützt in Verbindung mit dem unbestimmten Artikel, mit Adjektiven, mit Substantiven ohne Artikel und mit Zahlen.

hay que *v* ⚠ *irr* 16 — **man muss**

Hay que tomar una decisión.	Man muss eine Entscheidung treffen.

tener que *v* ⚠ *irr* 32 — **müssen**

Tenemos que visitar a Domingo en el hospital.	Wir müssen Domingo im Krankenhaus besuchen.

hacer *v* ⚠ *irr* 15 — **veranlassen; machen**

Esa película siempre me **hace** llorar. — Dieser Film bringt mich immer zum Weinen.

Yo siempre **hago** deporte por las mañanas. — Ich treibe morgens immer Sport.

¿Sabes **hacer** tartas de chocolate? — Kannst du Schokoladentorte machen?

ⓘ ***Hacer*** + Substantiv wird im Deutschen oft mit einem Verb übersetzt, z. B. ***hacer huelga*** streiken, ***hacer footing/natación*** joggen/schwimmen, ***hacer falta*** fehlen, ***hacerse daño*** sich wehtun.

ir a *v (+ infinitivo)* ⚠ *irr* 17 — **(tun) werden**

No **voy a** deciros la edad que tengo. — Ich werde euch nicht sagen, wie alt ich bin.

El próximo verano **vamos a** ir a California. — Nächsten Sommer werden wir nach Kalifornien fahren.

ⓘ ***Ir a*** ist die Alternative zum Futur I.

pensar *v (+ infinitivo)* ⚠ *irr* 22 — **vorhaben (zu tun)**

Pienso quedarme en Málaga unas semanas más. — Ich habe vor, noch ein paar Wochen in Málaga zu bleiben.

llevar *v (+ gerundio)* — **schon seit einiger Zeit getan haben**

Llevamos dos años aprendiendo español. — Wir lernen schon seit zwei Jahren Spanisch.

seguir *v (+ gerundio)* ⚠ *irr* 21, ***sigo, siga*** — **weiterhin tun**

¿**Sigues** yendo a las clases de tango? — Gehst du immer noch zu den Tangostunden?

volver a *v (+ infinitivo)* ⚠ *irr* 37 — **etwas wieder tun**

Fernando **ha vuelto a** casarse. — Fernando hat wieder geheiratet.

empezar a *v (+ infinitivo)* ⚠ *irr* 22, ***empiece, empecé*** — **anfangen zu tun**

Empecé a tocar la guitarra cuando tenía cinco años. — Ich habe angefangen, Gitarre zu spielen, als ich fünf Jahre alt war.

acabar de *v (+ infinitivo)* — **gerade getan haben; zu Ende machen**

Acabo de ver a Miguel y me ha dado recuerdos para ti.

Ich habe gerade Miguel getroffen, und er hat mich gebeten, dir einen schönen Gruß zu sagen.

dejar de *v (+ infinitivo)* — **aufhören zu**

Mi marido va a **dejar de** trabajar cuando tengamos un hijo.

Mein Mann wird aufhören zu arbeiten, wenn wir ein Kind bekommen.

ANHANG

Satzzeichen

Eine Besonderheit im Spanischen sind die umgedrehten Frage- und Ausrufezeichen, die jeweils eine Frage oder einen Ausruf einleiten: **¡Hola!** *Hallo!* **¿Qué tal?** *Wie geht's?*

Betonung spanischer Wörter

Damit Sie die Wörter richtig betonen, können Sie sich folgende Regeln merken:
Wörter, die auf einen Vokal, n oder s enden, werden auf der vorletzten Silbe betont:
ocupado oku'pado *besetzt*

Wörter, die auf einen Konsonanten (außer n und s) oder auf einen Vokal mit folgendem y enden, werden auf der letzten Silbe betont:
informar infor'mar *benachrichtigen*

Alle Ausnahmen werden durch einen Akzent gekennzeichnet:
quizás ki'θas *vielleicht.*
Der Akzent zeigt im Spanischen nur die Betonung an, er verändert nicht die Aussprache eines Vokals.
Trotz einiger Aussprachevarianten in Lateinamerika wird man Sie auch dort ohne weiteres verstehen. Wichtige Unterschiede finden Sie am Schluss.

Aussprache

Folgende Konsonanten werden anders als im Deutschen gesprochen:

b	nach einer Sprechpause und nach *m* und *n* wie *b*	**bien** bjen gut
	sonst wie *w*, wobei die Lippen locker aufeinander gelegt werden	**habitación** awita'θjon Zimmer
c	vor *e* und *i* wie *th* in *thank you*	**gracias** 'graθias danke
	sonst wie *k*	**cama** 'kama Bett
ch	fast wie *tsch*	**mucho** 'mutscho viel

d	weicher als im Deutschen	**de** de von **perdón** per'don Entschuldigung
	am Ende des Wortes wird *d* meist nicht gesprochen	**ciudad** θiu'ða(ð) Stadt
g	vor *a*, *u*, *o* oder Konsonanten: weiches *g*	**gustar** gus'tar gefallen
	vor *e* oder *i* wie *ch* in *Bach*	**general** chene'ral allgemein
	soll *g* vor *e* oder *i* wie *g* ausgesprochen werden, so wird ein „stummes u" eingefügt	**alguien** 'algien jemand
h	wird nicht gesprochen	**hola** 'ola hallo
j	wie *ch* in *Bach*	**espejo** es'pecho Spiegel
ll	wie gleichzeitig ausgesprochenes *l* und *j*	**llave** 'ljawe Schlüssel
ñ	wie *gn* in *Champagner*	**español** espa'njol spanisch
qu	wie *k*	**que** ke was
r	am Wortanfang und bei Schreibung *rr* mehrfach gerolltes, sonst einfach gerolltes Zungenspitzen-*r*	**perro** 'perro Hund **puerta** 'puerta Tür
s	stimmlos wie in *Messe*	**piso** 'piso Etage
v	nach einer Sprechpause und nach *m* wie *b*	**vale** 'bale in Ordnung
	sonst wie *w*	**llave** 'ljawe
y	am Wortende wie *i*	**soy** soi ich bin
	sonst wie *j*	**yo** jo ich
z	wie *th* in *thank you*	**zumo** 'θumo Saft

Wichtige regionale Unterschiede des Spanischen

– In einigen Gebieten Südspaniens, auf den Kanarischen Inseln und in Lateinamerika gibt es den Laut [θ] nicht. Ein ***c*** vor ***e*** und ***i*** und ***z*** vor allen Vokalen werden wie [s] ausgesprochen.
– In vielen Gebieten Südspaniens, in den Küstengebieten und anderen Regionen Lateinamerikas wird ein ***s*** vor einem Konsonant oder am Wortende häufig verschluckt.
– In vielen Regionen Lateinamerikas gibt es keine ***vosotros***-Form. Man benutzt für „ihr" die Höflichkeitsform ***ustedes*** mit dem Verb in der dritten Person Plural. Dementsprechend wird die 2. Person Plural im Imperativ (***hablad, comed, escribid***) nicht verwendet, sondern man benutzt immer die ***ustedes***-Form: ***hablen, coman, escriban***.

– Am Río de la Plata, z. B. in Buenos Aires, und in weiten Gebieten Mittel- und Südamerikas gibt es keine ***tú***-Form. Anstatt ***tú*** verwendet man ***vos***. Das nachstehende Verb ändert sich ebenfalls, z. B. ***tú eres → vos sos***; ***tú cantas → vos cantás; tú hablas → vos hablás; tú puedes → vos podés; a ti te gusta → a vos te gusta.***

Unterschiedliche Wörter in Spanien und Lateinamerika

Manche Regionen Lateinamerikas	Spanien	Deutsches Wort
¡qué pena!	¡qué corte!	wie peinlich!
acá	aquí	hier
agarrar	coger	nehmen, fangen
alberca (la)	piscina (la)	Schwimmbad
allá	allí	dort
auto (el)	coche (el)	Auto
banana (la)	plátano (el)	Banane
boleto (el)	billete (el)	Fahrkarte
botar	tirar	wegwerfen
camión (el)	autobús (el), el autocar (el)	(Reise-)Bus
carro (el)	coche (el)	Auto
chamaco (el)	niño (el), chico (el)	Junge, Kind
chompa (la)	jersey (el)	Pullover
colectivo (el)	autobús (el)	Bus
computador (el)	ordenador (el)	Computer
computadora (la)	ordenador (el)	Computer
enagua (la)	falda (la)	Rock
estacionar	aparcar	parken
estampilla (la)	sello (el)	Briefmarke
guagua (la)	autocar (el), autobús (el)	(Reise-)Bus
jugo (el)	zumo (el)	(Obst-)Saft
manejar	conducir	Auto fahren
media (la)	calcetín (el)	Socke
omnibús (el)	autocar (el)	Reisebus
ómnibus (el)	autocar (el)	Reisebus
papa (la)	patata (la)	Kartoffel
pararse	ponerse de pie	aufstehen
pieza (la)	habitación (la)	Zimmer
pileta (la)	piscina (la)	Schwimmbad
piso (el)	suelo (el)	Fußboden
plata (la)	dinero (el)	Geld

Lateinamerika	Spanien	Deutsches Wort
pollera (la)	falda (la)	Rock
pulóver (el)	jersey (la)	Pullover
recámara (la)	dormitorio (el)	Schlafzimmer
subterráneo (el) *Abk.* subte	metro (el)	U-Bahn
suéter (el)	jersey (el)	Pullover

Die wichtigsten unregelmäßigen Verben

Es bedeuten:

Pres. = *presente de indicativo*
Subj. = *presente de subjuntivo*
Indef. = *indefinido*
Fut. = *futuro simple*
Imperf. = *imperfecto*
Ger. = *gerundio*
Imp. = *imperativo*
Part. = *participio*

(1) andar

Indef.: **anduve, anduviste, anduvo, anduvimos, anduvisteis, anduvieron**

(2) caber

Pres.: **quepo,** cabes
Subj.: **quepa, quepas**
Indef.: **cupe, cupiste, cupo, cupimos, cupisteis, cupieron**
Fut.: **cabré**

(3) caer

Pres.: **caigo,** caes
Subj.: **caiga, caigas**
Indef.: caí, caíste, **cayó,** caímos, caísteis, **cayeron**
Ger.: **cayendo**
Part.: **caído**

(4) conducir

Pres.: **conduzco,** conduces
Subj.: **conduzca, conduzcas**
Indef.: **conduje, condujiste, condujo, condujimos, condujisteis, condujeron**

(5) conocer

Pres.: **conozco,** conoces
Subj.: **conozca, conozcas**

(6) construir

Pres.: **construyo, construyes, construye,** construimos, construís, **construyen**
Subj.: **construya, construyas**
Indef.: construí, construiste, **construyó,** construimos, construisteis, **construyeron**
Ger.: **construyendo**

(7) contar

Pres.: **cuento, cuentas, cuenta,** contamos, contáis, **cuentan**
Subj.: **cuente, cuentes, cuente,** contemos, contéis, **cuenten**

(8) continuar

Pres.: **continúo, continúas, continúa,** continuamos, continuáis, **continúan**
Subj.: **continúe, continúes, continúe,** continuemos, continuéis, **continúen**

(9) dar

Pres.: **doy,** das
Subj.: **dé,** des, **dé,** demos, deis, den
Indef.: **di, diste, dio, dimos, disteis, dieron**
Part.: **dado**

(10) decir

Pres.: **digo, dices, dice,** decimos, decís, **dicen**
Subj.: **diga, digas**
Indef.: **dije, dijiste, dijo, dijimos, dijisteis, dijeron**
Fut.: **diré**
Imp.: **di** (tú)
Ger.: **diciendo**
Part.: **dicho**

(11) dormir

Pres.: **duermo, duermes, duerme,** dormimos, dormís, **duermen**
Subj.: **duerma, duermas, duerma, durmamos, durmáis, duerman**
Indef.: dormí, dormiste, **durmió,** dormimos, dormisteis, **durmieron**
Ger.: **durmiendo**

(12) enviar

Pres.: **envío, envías, envía,** enviamos, enviáis, **envían**
Subj.: **envíe, envíes, envíe,** enviemos, enviéis, **envíen**

(13) estar

Pres.: **estoy, estás, está,** estamos, estáis, **están**
Subj.: **esté, estés, esté,** estemos, estéis, **estén**
Indef.: **estuve, estuviste, estuvo, estuvimos, estuvisteis, estuvieron**

(14) haber

Pres.: **he, has, ha, hemos,** habéis, **han**
Subj.: **haya, hayas, haya, hayamos, hayáis, hayan**
Indef.: **hube, hubiste, hubo, hubimos, hubisteis, hubieron**
Fut.: **habré**

(15) hacer

Pres.: **hago,** haces
Subj.: **haga, hagas**
Indef.: **hice, hiciste, hizo, hicimos, hicisteis, hicieron**
Fut.: **haré**
Imp.: **haz** (tú)
Part.: **hecho**

(16) hay

Subj.: **haya** *Indef.:* **hubo**
Fut.: **habrá**

(17) ir

Pres.: **voy, vas, va, vamos, vais, van**
Subj.: **vaya, vayas**
Indef.: **fui, fuiste, fue, fuimos, fuisteis, fueron**
Imperf.: **iba, ibas, iba, íbamos, ibais, iban**
Imp.: **ve** (tú), **vamos** (nosotros)
Part.: **ido** *Gr.:* **yendo**

(18) jugar

Pres.: **juego, juegas, juega,** jugamos, jugáis, **juegan**
Subj.: **juegue, juegues, juegue,** juguemos, juguéis, **jueguen**
Indef.: **jugué,** jugaste

(19) oír

Pres.: **oigo, oyes, oye,** oímos, oís, **oyen**
Subj.: **oiga, oigas**
Indef.: oí, oíste, **oyó,** oímos, oísteis, **oyeron**
Ger.: **oyendo**

(20) oler

Pres.: **huelo, hueles, huele,** olemos, oléis, **huelen**
Subj.: **huela, huelas, huela,** olamos, oláis, **huelan**

(21) pedir

Pres.: **pido, pides, pide,** pedimos, pedís, **piden**
Subj.: **pida, pidas, pida, pidamos, pidáis, pidan**
Indef.: pedí, pediste, **pidió**, pedimos, pedisteis, **pidieron**
Ger.: **pidiendo**

(22) pensar

Pres.: **pienso, piensas, piensa,** pensamos, pensáis, **piensan**
Subj.: **piense, pienses, piense,** pensemos, penséis, **piensen**

(23) perder

Pres.: **pierdo, pierdes, pierde,** perdemos, perdéis, **pierden**
Subj.: **pierda, pierdas, pierda,** perdamos, perdáis, **pierdan**

(24) poder

Pres.: **puedo, puedes, puede,** podemos, podéis, **pueden**
Subj.: **pueda, puedas, pueda,** podamos, podáis, **puedan**
Indef.: **pude, pudiste, pudo, pudimos, pudisteis, pudieron**
Fut.: **podré** *Ger.:* **pudiendo**

(25) poner

Pres.: **pongo,** pones *Subj.:* **ponga, pongas**
Indef.: **puse, pusiste, puso, pusimos, pusisteis, pusieron**
Fut.: **pondré** *Imp.:* **pon** (tú)
Part.: **puesto**

(26) querer

Pres.: **quiero, quieres, quiere,** queremos, queréis, **quieren**
Subj.: **quiera, quieras, quiera,** queramos, queráis, **quieran**
Indef.: **quise, quisiste, quiso, quisimos, quisisteis, quisieron**
Fut.: **querré**

(27) reír

Pres.: **río, ríes, ríe,** reímos, reís, **ríen**
Subj.: **ría, rías, ría,** riamos, riáis, **rían**
Indef.: reí, reíste, **rió,** reímos, reísteis, **rieron**
Ger.: **riendo**

(28) saber

Pres.: **sé,** sabes *Subj.:* **sepa, sepas**
Indef.: **supe, supiste, supo, supimos, supisteis, supieron**
Fut.: **sabré**

(29) salir

Pres.: **salgo,** sales *Fut.:* **saldré**
Subj.: **salga, salgas** *Imp.:* **sal** (tú)

(30) sentir

Pres.: **siento, sientes, siente,** sentimos, sentís, **sienten**
Subj.: **sienta, sientas, sienta, sintamos, sintáis, sientan**
Indef.: sentí, sentiste, **sintió,** sentimos, sentisteis, **sintieron**
Ger.: **sintiendo**

(31) ser

Pres.: **soy, eres, es, somos, sois, son**
Subj.: **sea, seas, sea, seamos, seáis, sean**
Indef.: **fui, fuiste, fue, fuimos, fuisteis, fueron**
Imperf.: **era, eras, era, éramos, erais, eran**
Imp.: **sé** (tú) *Ger.:* **siendo**
Part.: **sido**

(32) tener

Pres.: **tengo, tienes, tiene,** tenemos, tenéis, **tienen**
Subj.: **tenga, tengas**
Indef.: **tuve, tuviste, tuvo, tuvimos, tuvisteis, tuvieron**
Fut.: **tendré** *Imp.:* **ten** (tú)

(33) traer

Pres.: **traigo,** traes *Subj.:* **traiga, traigas**
Indef.: **traje, trajiste, trajo, trajimos, trajisteis, trajeron**
Ger.: **trayendo** *Part.:* **traído**

(34) valer

Pres.: **valgo,** vales *Subj.:* **valga, valgas**
Fut.: **valdré**

(35) venir

Pres.: **vengo, vienes, viene,** venimos, venís, **vienen**
Subj.: **venga, vengas**
Indef.: **vine, viniste, vino, vinimos, vinisteis, vinieron**
Fut.: **vendré** *Imp.:* **ven** (tú)
Ger.: **viniendo**

(36) ver

Pres.: **veo,** ves
Subj.: **vea, veas**
Imperf.: **veía, veías, veía, veíamos, veíais, veían**
Part.: **visto**

(37) volver

Pres.: **vuelvo, vuelves, vuelve,** volvemos, volvéis, **vuelven**
Subj.: **vuelva, vuelvas, vuelva,** volvamos, volváis, **vuelvan**
Part.: *(Verben auf* -olver*)* **vuelto**

Besonderheiten in der Schreibung

(-c-) = **z** der Verben auf **-zar** wird zu **c** vor **e**
empezar usw.: **empiece, empieces** usw., **empecé**

(-qu-) = **c** der Verben auf -car wird zu **qu** vor **e**
tocar usw.: **toque, toques** usw., **toqué**

(-j-) = **g** der Verben auf **-ger** und **-gir** wird zu **j** vor **a** und **o**
coger usw.: **coja, cojas** usw., **cojo**
corregir usw.: **corrija, corrijas** usw., **corrijo**

(-z-) = **c** mancher Verben auf **-cer** wird zu **z** vor **a** und **o**
convencer usw.: **convenza, convenzas** usw., **convenzo**

(-gu-) = **g** der Verben auf **-gar** wird zu **gu** vor **e**
cargar usw.: **cargue, cargues** usw.: **cargué**

(-y-) = unbetontes **i** zwischen Vokalen wird zu **y**
creer usw.: **creyó, creyeron, creyendo**

(-g-) = **gu** der Verben auf **-guir** wird zu **g** vor **a** und **o**
seguir usw.: **siga, sigas** usw., **sigo**

(-gü-) = **gu** der Verben auf **-guar** wird zu **gü** vor **e**
averiguar: **averigüe, averigües** usw., **averigüé**

Verben in Verbindung mit Präpositionen

acordarse **de** a.c./alg. *sich an etw./j-n erinnern; daran denken*	¿Te acuerdas de mí? *Erinnerst du dich an mich?*
alegrarse **de/por/con** a.c. *sich über/auf etw. freuen*	Me alegro de verte. *Es freut mich, dich zu sehen.* Nos hemos alegrado mucho con tu noticia. *Wir haben uns über deine Nachricht sehr gefreut.*
creer **en** a.c./alg. *an etw./j-n glauben*	Creo en sus palabras. *Ich glaube an seine Worte.*
cuidar **de** a.c./alg. *auf etw./j-n aufpassen; für etw./j-n sorgen*	¡Cuida de tus hermanos! *Pass auf deine Geschwister auf!*
dedicarse **a** a.c. *sich etw. widmen, sich mit etw. beschäftigen*	En mi tiempo libre me dedico al arte. *In meiner Freizeit beschäftige ich mich mit der Kunst.*
depender **de** a.c./alg. *von etw./j-m abhängen*	No quiero depender de ti. *Ich will nicht von dir abhängig sein.*
disculparse **de/por** a.c. **ante** alg. *sich bei j-m entschuldigen*	Discúlpate ante tu hermana. *Entschuldige dich bei deiner Schwester.*
equivocarse **de** a.c. *sich verwählen, sich verfahren, sich versprechen*	Me he equivocado de número. *Ich habe mich verwählt.*
estar preocupado **por/con** a.c./alg. *sich um etw./j-n Sorgen machen*	Estamos muy preocupados con el futuro de la empresa. *Wir machen uns Sorgen um die Zukunft der Firma.*
informarse **de/sobre** a.c. *sich nach etw. erkundigen*	Voy a informarme sobre los horarios de los trenes. *Ich werde mich nach den Zugfahrplänen erkundigen.*
interesarse **por** a.c./alg. *sich für etw./j-n interessieren*	No te interesas por nada. *Du interessierst dich für nichts!*
jugar **a** a.c. *(ein Spiel) spielen*	Me gusta mucho jugar al fútbol. *Ich spiele gern Fußball.*
oler **a** a.c. *nach etw. riechen*	Aquí huele a comida. *Hier riecht es nach Essen.*
olvidarse **de** a.c./alg. *etw./j-n vergessen*	¡No te olvides de nosotros! *Vergiss uns nicht!*
pensar **en** a.c./alg. *an etw./j-n denken*	He pensado en ti. *Ich habe an dich gedacht.*

preocuparse **por/de** a.c./alg. *sich um etw./j-n Sorgen machen*	No te preocupes por mí. *Mach dir keine Sorgen um mich.*
prepararse **para** a.c. *sich auf etw. vorbereiten*	Los niños se han preparado mucho para la obra. *Die Kinder haben sich auf ihren Theaterauftritt sehr gut vorbereitet.*
protegerse **de** a.c./alg. *sich vor etw./j-m schützen*	Aquí podemos protegernos de la lluvia. *Hier können wir uns vor dem Regen schützen.*
reflexionar **sobre** a.c./alg. *über etw./j-n nachdenken*	Voy a reflexionar sobre eso. *Ich werde darüber nachdenken.*
reírse **de** a.c./alg. *über etw./j-n lachen; sich über j-n lustig machen*	¿Por qué te ríes de ese señor? *Warum lachst du über diesen Herrn da?*
saber **a** a.c. *nach etw. schmecken*	Sabe a ajo. *Es schmeckt nach Knoblauch.*
saber algo/nada **de** alg. *von j-m wissen, von j-m gehört haben*	No sé nada de Luis. *Ich habe nichts mehr von Luis gehört.*
sufrir **con/por** a.c./alg. *unter etw./j-m leiden*	Sufro mucho con los problemas de mis hijos. *Ich leide unter den Problemen meiner Kinder sehr.*
sufrir **de** a.c. *an etw. leiden*	Sufro de jaqueca. *Ich leide an Migräne.*
tener cuidado **con** a.c./alg. *mit etw./j-m vorsichtig sein; aufpassen auf*	¡Ten cuidado con esos vasos! *Vorsicht mit den Gläsern!*
tener miedo **de** a.c./alg. *vor etw./j-m Angst haben; sich fürchten vor*	Tengo miedo de la oscuridad. *Ich fürchte mich vor der Dunkelheit.*
trabajar **de** ... *als ... arbeiten*	Trabaja de camarero en un bar. *Er arbeitet als Kellner in einer Kneipe.*
vestirse **de** ... *sich als ... verkleiden*	Luisa se vistió de reina. *Luisa hat sich als Königin verkleidet.*

REGISTER

A

B

C

D

E

F

G

H

I

M

N

O

Q

R

S

T

Y

Z